PREFACIO

La colección de guías de conversación para viajar "Todo irá bien" publicada por T&P Books está diseñada para personas que viajan al extranjero para turismo y negocios. Las guías contienen lo más importante - los elementos esenciales para una comunicación básica.Éste es un conjunto de frases imprescindibles para "sobrevivir" mientras está en el extranjero.

Esta guía de conversación le ayudará en la mayoría de los casos donde usted necesite pedir algo, conseguir direcciones, saber cuánto cuesta algo, etc. Puede también resolver situaciones difíciles de la comunicación donde los gestos no pueden ayudar.

Este libro contiene una gran cantidad de frases que han sido agrupadas según los temas más relevantes. Esta edición también incluye un pequeño vocabulario que contiene alrededor de 3.000 de las palabras más frecuentemente usadas.Otra sección de la guía proporciona un glosario gastronómico que le puede ayudar a pedir los alimentos en un restaurante o a comprar comestibles en la tienda.

Llévese la guía de conversación "Todo irá bien" en el camino y tendrá una insustituible compañera de viaje que le ayudará a salir de cualquier situación y le enseñará a no temer hablar con extranjeros.

TABLA DE CONTENIDOS

T&P Books Publishing

Colección de guías de conversación
"¡Todo irá bien!"

T&P Books Publishing

GUÍA DE CONVERSACIÓN
ALBANÉS

Andrey Taranov

LAS PALABRAS Y LAS FRASES MÁS ÚTILES

Esta Guía de Conversación
contiene las frases y las
preguntas más comunes
necesitadas para una
comunicación básica
con extranjeros

T&P BOOKS

Guía de conversación + diccionario de 3000 palabras

Guía de conversación Español-Albanés y vocabulario temático de 3000 palabras

por Andrey Taranov

La colección de guías de conversación para viajar "Todo irá bien" publicada por T&P Books está diseñada para personas que viajan al extranjero para turismo y negocios. Las guías contienen lo más importante - los elementos esenciales para una comunicación básica. Éste es un conjunto de frases imprescindibles para "sobrevivir" mientras está en el extranjero.

Este libro también incluye un pequeño vocabulario temático que contiene alrededor de 3.000 de las palabras más frecuentemente usadas. Otra sección de la guía proporciona un glosario gastronómico que le puede ayudar a pedir los alimentos en un restaurante o a comprar comestibles en la tienda.

T&P Books Publishing
www.tpbooks.com

ISBN: 978-1-78767-182-9

Este libro está disponible en formato electrónico o de E-Book también.
Visite www.tpbooks.com o las librerías electrónicas más destacadas en la Red.

PRONUNCIACIÓN

T&P alfabeto fonético	Ejemplo albanés	Ejemplo español
[a]	flas [flas]	radio
[e], [ɛ]	melodi [mɛlodí]	princesa
[ə]	kërkoj [kərkój]	llave
[i]	pikë [píkə]	ilegal
[o]	motor [motór]	bordado
[u]	fuqi [fucí]	mundo
[y]	myshk [myʃk]	pluma
[b]	brakë [brákə]	en barco
[c]	oqean [ocɛán]	porche
[d]	adoptoj [adoptój]	desierto
[dz]	lexoj [lɛdzój]	inglés kids
[dʒ]	xham [dʒam]	jazz
[ð]	dhomë [ðómə]	alud
[f]	i fortë [i fórtə]	golf
[g]	bullgari [buɫgarí]	jugada
[h]	jaht [jáht]	registro
[j]	hyrje [hýrjɛ]	asiento
[ɟ]	zgjedh [zɟɛð]	guía
[k]	korik [korík]	charco
[l]	löviz [ləvíz]	lira
[ɫ]	shkallë [ʃkáɫə]	hablar
[m]	medalje [mɛdáljɛ]	nombre
[n]	klan [klan]	número
[ɲ]	spanjoll [spaɲóɫ]	leña
[ŋ]	trung [truŋ]	rincón
[p]	polici [politsí]	precio
[r]	i erët [i érət]	era, alfombra
[ɾ]	groshë [gróʃə]	pero
[s]	spital [spitál]	salva
[ʃ]	shes [ʃɛs]	shopping
[t]	tapet [tapét]	torre
[ts]	batica [batítsa]	tsunami
[tʃ]	kaçube [katʃúbɛ]	mapache
[v]	javor [javór]	travieso
[z]	horizont [horizónt]	desde
[ʒ]	kuzhinë [kuʒínə]	adyacente
[θ]	përkthej [pərkθéj]	pinzas

5

LISTA DE ABREVIATURAS

Abreviatura en español

adj	-	adjetivo
adv	-	adverbio
anim.	-	animado
conj	-	conjunción
etc.	-	etcétera
f	-	sustantivo femenino
f pl	-	femenino plural
fam.	-	uso familiar
fem.	-	femenino
form.	-	uso formal
inanim.	-	inanimado
innum.	-	innumerable
m	-	sustantivo masculino
m pl	-	masculino plural
m, f	-	masculino, femenino
masc.	-	masculino
mat	-	matemáticas
mil.	-	militar
num.	-	numerable
p.ej.	-	por ejemplo
pl	-	plural
pron	-	pronombre
sg	-	singular
v aux	-	verbo auxiliar
vi	-	verbo intransitivo
vi, vt	-	verbo intransitivo, verbo transitivo
vr	-	verbo reflexivo
vt	-	verbo transitivo

Abreviatura en albanés

f	-	sustantivo femenino
m	-	sustantivo masculino
pl	-	plural

T&P BOOKS

GUÍA DE CONVERSACIÓN ALBANÉS

Esta sección contiene frases
importantes que pueden
resultar útiles en varias
situaciones de la vida real.
La Guía le ayudará a pedir
direcciones, aclaración
sobre precio, comprar billetes,
y pedir alimentos en un
restaurante

T&P Books Publishing

CONTENIDO DE LA GUÍA DE CONVERSACIÓN

T&P Books Publishing

Perdone, … | **Më falni, …**
[mə fálni, …]

Hola. | **Përshëndetje.**
[pərʃəndétjɛ]

Gracias. | **Faleminderit.**
[falɛmindérit]

Sí. | **Po.**
[po]

No. | **Jo.**
[jo]

No lo sé. | **Nuk e di.**
[nuk ɛ di]

¿Dónde? | ¿A dónde? | ¿Cuándo? | **Ku? | Për ku? | Kur?**
[ku? | pər ku? | kur?]

Necesito … | **Më nevojitet …**
[mə nɛvojítɛt …]

Quiero … | **Dua …**
[dúa …]

¿Tiene …? | **Keni …?**
[kéni …?]

¿Hay … por aquí? | **A ka … këtu?**
[a ka … kətú?]

¿Puedo …? | **Mund të …?**
[mund tə …?]

…, por favor? (petición educada) | **…, ju lutem**
[…, ju lútɛm]

Busco … | **Kërkoj …**
[kərkój …]

el servicio | **tualet**
[tualét]

un cajero automático | **bankomat**
[bankomát]

una farmacia | **farmaci**
[farmatsí]

el hospital | **spital**
[spitál]

---

la comisaría | **komisariat policie**
[komisariát politsíɛ]

el metro | **metro**
[mɛtró]

un taxi	**taksi** [táksi]
la estación de tren	**stacion treni** [statsión trɛni]

Me llamo …	**Më quajnë …** [mǝ cúajnǝ …]
¿Cómo se llama?	**Si quheni?** [si cúhɛni?]
¿Puede ayudarme, por favor?	**Ju lutem, mund të ndihmoni?** [ju lútɛm, mund tǝ ndihmóni?]
Tengo un problema.	**Kam një problem.** [kam ɲǝ problém]
Me encuentro mal.	**Nuk ndihem mirë.** [nuk ndíhɛm mírǝ]
¡Llame a una ambulancia!	**Thërrisni një ambulancë!** [θǝrísni ɲǝ ambulántsǝ!]
¿Puedo llamar, por favor?	**Mund të bëj një telefonatë?** [mund tǝ bǝj ɲǝ tɛlɛfonátǝ?]

Lo siento.	**Më vjen keq.** [mǝ vjɛn kɛc]
De nada.	**Ju lutem.** [ju lútɛm]

Yo	**unë, mua** [únǝ], [múa]
tú	**ti** [ti]
él	**ai** [ai]
ella	**ajo** [ajó]
ellos	**ata** [atá]
ellas	**ato** [ató]
nosotros /nosotras/	**ne** [nɛ]
ustedes, vosotros	**ju** [ju]
usted	**ju** [ju]

ENTRADA	**HYRJE** [hýrjɛ]
SALIDA	**DALJE** [dáljɛ]
FUERA DE SERVICIO	**NUK FUNKSIONON** [nuk funksionón]
CERRADO	**MBYLLUR** [mbýɫur]

ABIERTO

HAPUR
[hápur]

PARA SEÑORAS

PËR FEMRA
[pər fémra]

PARA CABALLEROS

PËR MESHKUJ
[pər méʃkuj]

Preguntas

¿Dónde?	**Ku?** [ku?]
¿A dónde?	**Për ku?** [pər ku?]
¿De dónde?	**Nga ku?** [ŋa ku?]
¿Por qué?	**Pse?** [psɛ?]
¿Con que razón?	**Për çfarë arsye?** [pər ʧfárə arsýɛ?]
¿Cuándo?	**Kur?** [kur?]

¿Cuánto tiempo?	**Sa kohë?** [sa kóhə?]
¿A qué hora?	**Në çfarë ore?** [nə ʧfárə órɛ?]
¿Cuánto?	**Sa kushton?** [sa kuʃtón?]
¿Tiene ...?	**Keni ...?** [kéni ...?]
¿Dónde está ...?	**Ku ndodhet ...?** [ku ndóðɛt ...?]

¿Qué hora es?	**Sa është ora?** [sa ə́ʃtə óra?]
¿Puedo llamar, por favor?	**Mund të bëj një telefonatë?** [mund tə bəj ɲo tɛlɛfonátə?]
¿Quién es?	**Kush është?** [kuʃ ə́ʃtə?]
¿Se puede fumar aquí?	**Mund të pi duhan këtu?** [mund tə pi duhán kətú?]
¿Puedo ...?	**Mund të ...?** [mund tə ...?]

Necesidades

Quisiera …	**Do të doja …** [do tə dója …]
No quiero …	**Nuk dua …** [nuk dúa …]
Tengo sed.	**Kam etje.** [kam étjɛ]
Tengo sueño.	**Dua të fle.** [dúa tə flé]

Quiero …	**Dua …** [dúa …]
lavarme	**të lahem** [tə láhɛm]
cepillarme los dientes	**të laj dhëmbët** [tə laj ðémbət]
descansar un momento	**të pushoj pak** [tə puʃój pak]
cambiarme de ropa	**të ndërrohem** [tə ndəróhɛm]

volver al hotel	**të kthehem në hotel** [tə kθéhɛm nə hotél]
comprar …	**të blej …** [tə blɛj …]
ir a …	**të shkoj në …** [tə ʃkoj nə …]
visitar …	**të vizitoj …** [tə vizitój …]
quedar con …	**të takohem me …** [tə takóhɛm mɛ …]
hacer una llamada	**të bëj një telefonatë** [tə bəj ɲə tɛlɛfonátə]

Estoy cansado /cansada/.	**Jam i /e/ lodhur.** [jam i /ɛ/ lóður]
Estamos cansados /cansadas/.	**Jemi të lodhur.** [jémi tə lóður]
Tengo frío.	**Kam ftohtë.** [kam ftóhtə]
Tengo calor.	**Kam vapë.** [kam vápə]
Estoy bien.	**Jam mirë.** [jam mírə]

Tengo que hacer una llamada.

Duhet të bëj një telefonatë.
[dúhɛt tə bəj ɲə tɛlɛfonátə]

Necesito ir al servicio.

Duhet të shkoj në tualet.
[dúhɛt tə ʃkoj nə tualét]

Me tengo que ir.

Duhet të ik.
[dúhɛt tə ik]

Me tengo que ir ahora.

Duhet të ik tani.
[dúhɛt tə ik taní]

Preguntar por direcciones

Perdone, ...	**Më falni, ...** [mə fálni, ...]
¿Dónde está ...?	**Ku ndodhet ...?** [ku ndóðɛt ...?]
¿Por dónde está ...?	**Si shkohet në ...?** [si ʃkóhɛt nə ...?]
¿Puede ayudarme, por favor?	**Ju lutem, mund të më ndihmoni?** [ju lútɛm, mund tə mə ndihmóni?]

Busco ...	**Kërkoj ...** [kərkój ...]
Busco la salida.	**Kërkoj daljen.** [kərkój dáljɛn]
Voy a ...	**Po shkoj në ...** [po ʃkoj nə ...]
¿Voy bien por aquí para ...?	**A po shkoj siç duhet për në ...?** [a po ʃkoj sitʃ dúhɛt pər nə ...?]

¿Está lejos?	**Është larg?** [éʃtə larg?]
¿Puedo llegar a pie?	**Mund të shkoj me këmbë deri atje?** [mund tə ʃkoj mɛ këmbə déri atjé?]
¿Puede mostrarme en el mapa?	**Mund të më tregoni në hartë?** [mund tə mə trɛgóni nə hártə?]
Por favor muestreme dónde estamos.	**Më tregoni ku ndodhemi tani.** [mə trɛgóni ku ndóðɛmi taní]

Aquí	**Këtu** [kətú]
Allí	**Atje** [atjé]
Por aquí	**Këtej** [kətéj]

Gire a la derecha.	**Kthehuni djathtas.** [kθéhuni djáθtas]
Gire a la izquierda.	**Kthehuni majtas.** [kθéhuni májtas]
la primera (segunda, tercera) calle	**kthesa e parë (e dytë, e tretë)** [kθésa ɛ párə (ɛ dýtə, ɛ trétə)]
a la derecha	**djathtas** [djáθtas]

a la izquierda

majtas
[májtas]

Siga recto.

ecni drejt
[étsni dréjt]

Carteles

¡BIENVENIDO!	**MIRË SE ERDHËT!** [mírə sɛ érðət!]
ENTRADA	**HYRJE** [hýrjɛ]
SALIDA	**DALJE** [dáljɛ]

EMPUJAR	**SHTY** [ʃty]
TIRAR	**TËRHIQ** [tərhíc]
ABIERTO	**HAPUR** [hápur]
CERRADO	**MBYLLUR** [mbýɫur]

PARA SEÑORAS	**PËR FEMRA** [pər fémra]
PARA CABALLEROS	**PËR MESHKUJ** [pər méʃkuj]
CABALLEROS	**ZOTËRINJ** [zotəríɲ]
SEÑORAS	**ZONJA** [zóɲa]

REBAJAS	**ULJE** [úljɛ]
VENTA	**ULJE** [úljɛ]
GRATIS	**FALAS** [fálas]
¡NUEVO!	**E RE!** [ɛ ré!]
ATENCIÓN	**KUJDES!** [kujdés!]

COMPLETO	**NUK KA VENDE TË LIRA** [nuk ka véndɛ tə líra]
RESERVADO	**REZERVUAR** [rɛzɛrvúar]
ADMINISTRACIÓN	**ADMINISTRATA** [administráta]
SÓLO PERSONAL AUTORIZADO	**VETËM PËR PERSONELIN** [vétəm pər pɛrsonélin]

CUIDADO CON EL PERRO	**KUJDES NGA QENI!** [kujdés ŋa céni!]
NO FUMAR	**NDALOHET DUHANI!** [ndalóhɛt duháni!]
NO TOCAR	**MOS PREKNI!** [mos prékni!]

PELIGROSO	**I RREZIKSHËM** [i rɛzíkʃəm]
PELIGRO	**RREZIK** [rɛzík]
ALTA TENSIÓN	**VOLTAZH I LARTË** [voltáʒ i lártə]
PROHIBIDO BAÑARSE	**NDALOHET NOTI!** [ndalóhɛt nóti!]

FUERA DE SERVICIO	**NUK FUNKSIONON** [nuk funksionón]
INFLAMABLE	**I DJEGSHËM** [i djégʃəm]
PROHIBIDO	**I NDALUAR** [i ndalúar]
PROHIBIDO EL PASO	**NDALOHET KALIMI!** [ndalóhɛt kalími!]
RECIÉN PINTADO	**BOJË E FRESKËT** [bójə ɛ fréskət]

CERRADO POR RENOVACIÓN	**MBYLLUR PËR RESTAURIM** [mbýłur pər rɛstaurim]
EN OBRAS	**PO KRYHEN PUNIME** [po krýhɛn punímɛ]
DESVÍO	**DEVIJIM** [dɛvijím]

Transporte. Frases generales

el avión	**avion** [avión]
el tren	**tren** [trɛn]
el bus	**autobus** [autobús]
el ferry	**traget** [tragét]
el taxi	**taksi** [táksi]
el coche	**makinë** [makínə]
el horario	**orar** [orár]
¿Dónde puedo ver el horario?	**Ku mund të shikoj oraret?** [ku mund tə ʃikój orárɛt?]
días laborables	**ditë pune** [dítə púnɛ]
fines de semana	**fundjava** [fundjáva]
días festivos	**pushime** [puʃímɛ]
SALIDA	**NISJE** [nísjɛ]
LLEGADA	**MBËRRITJE** [mbərítjɛ]
RETRASADO	**VONESË** [vonésə]
CANCELADO	**ANULUAR** [anulúar]
siguiente (tren, etc.)	**tjetër** [tjétər]
primero	**parë** [párə]
último	**fundit** [fúndit]
¿Cuándo pasa el siguiente ...?	**Kur është ... tjetër?** [kur éʃtə ... tjétər?]
¿Cuándo pasa el primer ...?	**Kur është ... i parë?** [kur éʃtə ... i párə?]

¿Cuándo pasa el último …?

Kur është … i fundit?
[kur éʃtə … i fúndit?]

el trasbordo (cambio de trenes, etc.)

ndërrim
[ndərím]

hacer un trasbordo

të ndërroj
[tə ndərój]

¿Tengo que hacer un trasbordo?

Duhet të ndërroj?
[dúhɛt tə ndərój?]

Comprar billetes

¿Dónde puedo comprar un billete?	**Ku mund të blej bileta?** [ku mund tə bléj biléta?]
el billete	**biletë** [bilétə]
comprar un billete	**të blej biletë** [tə blɛj bilétə]
precio del billete	**çmimi i biletës** [tʃmími i bilétəs]

¿Para dónde?	**Për ku?** [pər ku?]
¿A qué estación?	**Në cilin stacion?** [nə tsílin statsión?]
Necesito …	**Më nevojitet …** [mə nɛvojítɛt …]
un billete	**një biletë** [ɲə bilétə]
dos billetes	**dy bileta** [dy biléta]
tres billetes	**tre bileta** [trɛ biléta]

sólo ida	**vajtje** [vájtjɛ]
ida y vuelta	**me kthim** [mɛ kθim]
en primera (primera clase)	**klasi i parë** [klási i párə]
en segunda (segunda clase)	**klasi i dytë** [klási i dýtə]

hoy	**sot** [sot]
mañana	**nesër** [nésər]
pasado mañana	**pasnesër** [pasnésər]
por la mañana	**në mëngjes** [nə mənɟés]
por la tarde	**në pasdite** [nə pasdítɛ]
por la noche	**në mbrëmje** [nə mbrémjɛ]

asiento de pasillo

ulëse në korridor
[úləsɛ nə koridór]

asiento de ventanilla

ulëse tek dritarja
[úləsɛ tɛk dritárja]

¿Cuánto cuesta?

Sa kushton?
[sa kuʃtón?]

¿Puedo pagar con tarjeta?

Mund të paguaj me kartelë krediti?
[mund tə pagúaj mɛ kartélə krɛdíti?]

Autobús

el autobús	**autobus**
	[autobús]
el autobús interurbano	**autobus urban**
	[autobús urbán]
la parada de autobús	**stacion autobusi**
	[statsión autobúsi]
¿Dónde está la parada	**Ku ndodhet stacioni më i afërt**
de autobuses más cercana?	**i autobusit?**
	[ku ndóðɛt statsióni mə i áfərt
	i autobúsit?]

número	**numri**
	[númri]
¿Qué autobús tengo que tomar para ...?	**Cilin autobus duhet të marr për**
	të shkuar në ...?
	[tsílin autobús dúhɛt tə mar pər
	tə ʃkúar nə ...?]
¿Este autobús va a ...?	**A shkon ky autobus në ...?**
	[a ʃkon ky autobús nə ...?]
¿Cada cuanto pasa el autobús?	**Sa shpesh kalojnë autobusët?**
	[sa ʃpɛʃ kalójnə autobúsət?]

cada 15 minutos	**çdo 15 minuta**
	[tʃdo pɛsəmbəðjétə minúta]
cada media hora	**çdo gjysmë ore**
	[tʃdo ɟýsmə órɛ]
cada hora	**çdo një orë**
	[tʃdo ɲə órə]
varias veces al día	**disa herë në ditë**
	[dísa hérə nə dítə]
... veces al día	**... herë në ditë**
	[... hérə nə dítə]

el horario	**orari**
	[orári]
¿Dónde puedo ver el horario?	**Ku mund të shikoj oraret?**
	[ku mund tə ʃikój orárɛt?]
¿Cuándo pasa el siguiente autobús?	**Kur është autobusi tjetër?**
	[kur éʃtə autobúsi tjétər?]
¿Cuándo pasa el primer autobús?	**Kurështë autobusi i parë?**
	[kur éʃtə autobúsi i párə?]
¿Cuándo pasa el último autobús?	**Kur është autobusi i fundit?**
	[kur éʃtə autobúsi i fúndit?]

la parada	**stacion** [statsión]
la siguiente parada	**stacioni tjetër** [statsióni tjétər]
la última parada	**stacioni i fundit** [statsióni i fúndit]
Pare aquí, por favor.	**Ju lutem, ndaloni këtu.** [ju lútɛm, ndalóni kətú]
Perdone, esta es mi parada.	**Më falni, ky është stacioni im.** [mə fálni, ky ə́ʃtə statsióni im]

Tren

el tren	**tren** [trɛn]
el tren de cercanías	**tren lokal** [trɛn lokál]
el tren de larga distancia	**tren** [trɛn]
la estación de tren	**stacion treni** [statsión trɛni]
Perdone, ¿dónde está la salida al anden?	**Më falni, ku është dalja për në platformë?** [mə fálni, ku ə́ʃtə dálja pər nə platfórmə?]

¿Este tren va a …?	**A shkon ky tren në …?** [a ʃkon ky trɛn nə …?]
el siguiente tren	**treni tjetër** [tréni tjétər]
¿Cuándo pasa el siguiente tren?	**Kur vjen treni tjetër?** [kur vjɛn tréni tjétər?]
¿Dónde puedo ver el horario?	**Ku mund të shikoj oraret?** [ku mund tə ʃikój orárɛt?]
¿De qué andén?	**Nga cila platformë?** [ŋa tsíla platfórmə?]
¿Cuándo llega el tren a …?	**Kur arrin treni në …** [kur arín tréni nə …]

Ayudeme, por favor.	**Ju lutem më ndihmoni.** [ju lútɛm mə ndihmóni]
Busco mi asiento.	**Kërkoj ulësen time.** [kərkój úləsɛn tímɛ]
Buscamos nuestros asientos.	**Po kërkojmë ulëset tona.** [po kərkójmə úləsɛt tóna]
Mi asiento está ocupado.	**ulësja ime është zënë.** [úləsja ímɛ ə́ʃtə zə́nə]
Nuestros asientos están ocupados.	**ulëset tona janë zënë.** [úləsɛt tóna jánə zə́nə]

Perdone, pero ese es mi asiento.	**Më falni por kjo është ulësja ime.** [mə fálni por kjo ə́ʃtə úləsja ímɛ]
¿Está libre?	**A është e zënë kjo ulëse?** [a ə́ʃtə ɛ zə́nə kjo úləsɛ?]
¿Puedo sentarme aquí?	**Mund të ulem këtu?** [mund tə úlɛm kətú?]

En el tren. Diálogo (Sin billete)

Su billete, por favor.	**Biletën, ju lutem.** [bilétən, ju lútɛm]
No tengo billete.	**Nuk kam biletë.** [nuk kam bilétə]
He perdido mi billete.	**Humba biletën.** [húmba bilétən]
He olvidado mi billete en casa.	**E harrova biletën në shtëpi.** [ɛ haróva bilétən nə ʃtəpí]

Le puedo vender un billete.	**Mund të blini biletën tek unë.** [mund tə blíni bilétən tɛk únə]
También deberá pagar una multa.	**Duhet gjithashtu të paguani gjobë.** [dúhɛt ɟiθaʃtú tə pagúani ɟóbə]
Vale.	**Në rregull.** [nə réguɫ]
¿A dónde va usted?	**Ku po shkoni?** [ku po ʃkóni?]
Voy a ...	**Po shkoj në ...** [po ʃkoj nə ...]

¿Cuánto es? No lo entiendo.	**Sa kushton? Nuk kuptoj.** [sa kuʃtón? nuk kuptój]
Escríbalo, por favor.	**Shkruajeni, ju lutem.** [ʃkrúajɛni, ju lútɛm]
Vale. ¿Puedo pagar con tarjeta?	**Në rregull. Mund të paguaj me kartelë krediti?** [nə réguɫ. mund tə pagúaj mɛ kartélə krɛdíti?]
Sí, puede.	**Po, mundeni.** [po, múndɛni]

Aquí está su recibo.	**Urdhëroni faturën.** [urðəróni fatúrən]
Disculpe por la multa.	**Më vjen keq për gjobën.** [mə vjɛn kɛc pər ɟóbən]
No pasa nada. Fue culpa mía.	**S'ka gjë. ishte gabimi im.** [s'ka ɟə. íʃtɛ gabími im]
Disfrute su viaje.	**Rrugë të mbarë.** [rúgə tə mbárə]

Taxi

taxi	**taksi** [táksi]
taxista	**shofer taksie** [ʃofér taksíɛ]
coger un taxi	**të kap taksi** [tə kap táksi]
parada de taxis	**stacion për taksi** [statsión pər táksi]
¿Dónde puedo coger un taxi?	**Ku mund të gjej një taksi?** [ku mund tə ɟɛj ɲə táksi?]
llamar a un taxi	**thërras një taksi** [θərás ɲə táksi]
Necesito un taxi.	**Më nevojitet taksi.** [mə nɛvojítɛt táksi]
Ahora mismo.	**Tani.** [taní]
¿Cuál es su dirección?	**Cila është adresa juaj?** [tsíla éʃtə adrésa júaj?]
Mi dirección es ...	**Adresa ime është ...** [adrésa imɛ éʃtə ...]
¿Cuál es el destino?	**Destinacioni juaj?** [dɛstinatsióni júaj?]

Perdone, ...	**Më falni, ...** [mə fálni, ...]
¿Está libre?	**Jeni i lirë?** [jéni i lírə?]
¿Cuánto cuesta ir a ...?	**Sa kushton deri në ...?** [sa kuʃtón déri nə ...?]
¿Sabe usted dónde está?	**E dini ku ndodhet?** [ɛ díni ku ndóðɛt?]

Al aeropuerto, por favor.	**Në aeroport, ju lutem.** [nə aɛropórt, ju lútɛm]
Pare aquí, por favor.	**Ju lutem, ndaloni këtu.** [ju lútɛm, ndalóni kətú]
No es aquí.	**Nuk është këtu.** [nuk éʃtə kətú]
La dirección no es correcta.	**Kjo është adresë e gabuar.** [kjo éʃtə adrésə ɛ gabúar]
Gire a la izquierda.	**Kthehuni majtas.** [kθéhuni májtas]
Gire a la derecha.	**Kthehuni djathtas.** [kθéhuni djáθtas]

¿Cuánto le debo?	**Sa ju detyrohem?** [sa ju dɛtyróhɛm?]
¿Me da un recibo, por favor?	**Ju lutem, më jepni një faturë.** [ju lútɛm, mə jépni ɲə fatúrə]
Quédese con el cambio.	**Mbajeni kusurin.** [mbájɛni kusúrin]

Espéreme, por favor.	**Mund të më prisni, ju lutem?** [mund tə mə prísni, ju lútɛm?]
cinco minutos	**pesë minuta** [pésə minúta]
diez minutos	**dhjetë minuta** [ðjétə minúta]
quince minutos	**pesëmbëdhjetë minuta** [pɛsəmbəðjétə minúta]
veinte minutos	**njëzet minuta** [ɲəzét minúta]
media hora	**gjysmë ore** [ɟýsmə órɛ]

Hotel

Hola.	**Përshëndetje.** [pərʃəndétjɛ]
Me llamo …	**Më quajnë …** [mə cúajnə …]
Tengo una reserva.	**Kam një rezervim.** [kam ɲə rɛzɛrvím]

Necesito …	**Më nevojitet …** [mə nɛvojítɛt …]
una habitación individual	**dhomë teke** [ðómə tékɛ]
una habitación doble	**dhomë dyshe** [ðómə dýʃɛ]
¿Cuánto cuesta?	**Sa kushton?** [sa kuʃtón?]
Es un poco caro.	**Është pak shtrenjtë.** [ə́ʃtə pak ʃtréɲtə]

¿Tiene alguna más?	**Keni ndonjë gjë tjetër?** [kéni ndóɲə ɟə tjétər?]
Me quedo.	**Do ta marr.** [do ta mar]
Pagaré en efectivo.	**Do paguaj me para në dorë.** [do pagúaj mɛ pará nə dórə]

Tengo un problema.	**Kam një problem.** [kam ɲə problém]
Mi … no funciona.	**Më është prishur …** [mə ə́ʃtə príʃur …]
Mi … está fuera de servicio.	**Nuk funksionon …** [nuk funksionón …]
televisión	**televizor** [tɛlɛvizór]
aire acondicionado	**kondicioner** [konditsionér]
grifo	**çezma** [tʃézma]

ducha	**dushi** [duʃi]
lavabo	**lavamani** [lavamáni]
caja fuerte	**kasaforta** [kasafórta]

cerradura
brava e derës
[bráva ɛ dérəs]

enchufe
paneli elektrik
[panéli ɛlɛktrík]

secador de pelo
tharësja e flokëve
[θárəsja ɛ flókəvɛ]

No tengo ...
Nuk kam ...
[nuk kam ...]

agua
ujë
[újə]

luz
drita
[dríta]

electricidad
korrent
[korént]

¿Me puede dar ...?
Mund të më jepni ...?
[mund tə mə jépni ...?]

una toalla
një peshqir
[ɲə pɛʃcír]

una sábana
një çarçaf
[ɲə tʃartʃáf]

unas chanclas
shapka
[ʃápka]

un albornoz
penuar
[pɛnuár]

un champú
shampo
[ʃampó]

jabón
sapun
[sapún]

Quisiera cambiar de habitación.
Dua të ndryshoj dhomën.
[dúa tə ndryʃój ðómən]

No puedo encontrar mi llave.
Nuk po gjej çelësin.
[nuk po ɟɛj tʃéləsin]

Por favor abra mi habitación.
Mund të më hapni derën, ju lutem?
[mund tə mə hápni dérən, ju lútɛm?]

¿Quién es?
Kush është?
[kuʃ éʃtə?]

¡Entre!
Hyni!
[hýni!]

¡Un momento!
Një minutë!
[ɲə minútə!]

Ahora no, por favor.
Jo tani, ju lutem.
[jo taní, ju lútɛm]

Venga a mi habitación, por favor.
Ju lutem, ejani në dhomë.
[ju lútɛm, éjani nə ðómə]

Quisiera hacer un pedido.
Dua të porosisja ushqim.
[dúa tə porosísja uʃcím]

Mi número de habitación es ...
Numri i dhomës është ...
[númri i ðóməs éʃtə ...]

31

Me voy …	**Po largohem …** [po largóhɛm …]
Nos vamos …	**Po largohemi …** [po largóhɛmi …]
Ahora mismo	**tani** [taní]
esta tarde	**këtë pasdite** [kə́tə pasdítɛ]
esta noche	**sonte** [sóntɛ]
mañana	**nesër** [nésər]
mañana por la mañana	**nesër në mëngjes** [nésər nə mənɟés]
mañana por la noche	**nesër në mbrëmje** [nésər nə mbrə́mjɛ]
pasado mañana	**pasnesër** [pasnésər]

Quisiera pagar la cuenta.	**Dua të paguaj.** [dúa tə pagúaj]
Todo ha estado estupendo.	**Gjithçka ishte e mrekullueshme.** [ɟiθʧká íʃtɛ ɛ mrɛkułúɛʃmɛ]
¿Dónde puedo coger un taxi?	**Ku mund të gjej një taksi?** [ku mund tə ɟɛj ɲə táksi?]
¿Puede llamarme un taxi, por favor?	**Mund të më thërrisni një taksi, ju lutem?** [mund tə mə θərísni ɲə táksi, ju lútɛm?]

Restaurante

¿Puedo ver el menú, por favor?

Mund të shoh menynë, ju lutem?
[mund tə ʃoh mɛnýnə, ju lútɛm?]

Mesa para uno.

Tavolinë për një person.
[tavolínə pər ɲə pɛrsón]

Somos dos (tres, cuatro).

Jemi dy (tre, katër) vetë.
[jémi dy (trɛ, kátər) vétə]

Para fumadores

Lejohet duhani
[lɛjóhɛt duháni]

Para no fumadores

Ndalohet duhani
[ndalóhɛt duháni]

¡Por favor! (llamar al camarero)

Më falni!
[mə fálni!]

la carta

menyja
[mɛnýja]

la carta de vinos

menyja e verave
[mɛnýja ɛ véravɛ]

La carta, por favor.

Menynë, ju lutem.
[mɛnýnə, ju lútɛm]

¿Está listo para pedir?

Jeni gati për të dhënë porosinë?
[jéni gáti pər tə ðə́nə porosínə?]

¿Qué quieren pedir?

Çfarë do të merrni?
[tʃfárə do tə mérni?]

Yo quiero …

Do të marr …
[do tə mar …]

Soy vegetariano.

Jam vegjetarian /vegjetariane/.
[jam vɛɟetarián /vɛɟetariánɛ/]

carne

mish
[miʃ]

pescado

peshk
[pɛʃk]

verduras

perime
[pɛrímɛ]

¿Tiene platos para vegetarianos?

Keni gatime për vegjetarianë?
[kéni gatímɛ pər vɛɟetariánə?]

No como cerdo.

Nuk ha mish derri.
[nuk ha miʃ déri]

Él /Ella/ no come carne.

Ai /Ajo/ nuk ha mish.
[aí /ajó/ nuk ha miʃ]

Soy alérgico a …

Kam alergji nga …
[kam alɛrɟí ŋa …]

¿Me puede traer ..., por favor?	**Mund të më sillni ...** [mund tə mə síłni ...]
sal | pimienta | azúcar	**kripë | piper | sheqer** [krípə | pipér | ʃɛcér]
café | té | postre	**kafe | çaj | ëmbëlsirë** [káfɛ | tʃaj | əmbəlsírə]
agua | con gas | sin gas	**ujë | me gaz | pa gaz** [újə | mɛ gaz | pa gaz]
una cuchara | un tenedor | un cuchillo	**një lugë | pirun | thikë** [ɲə lúgə | pirún | θíkə]
un plato | una servilleta	**një pjatë | pecetë** [ɲə pjátə | pɛtsétə]

¡Buen provecho!	**Ju bëftë mirë!** [ju béftə mírə!]
Uno más, por favor.	**Dhe një tjetër, ju lutem.** [ðɛ ɲə tjétər, ju lútɛm]
Estaba delicioso.	**ishte shumë e shijshme.** [íʃtɛ ʃúmə ɛ ʃijʃmɛ]

la cuenta | el cambio | la propina	**llogari | kusur | bakshish** [ɫogarí | kusúr | bakʃíʃ]
La cuenta, por favor.	**Llogarinë, ju lutem.** [ɫogarínə, ju lútɛm]
¿Puedo pagar con tarjeta?	**Mund të paguaj me kartelë krediti?** [mund tə pagúaj mɛ kartélə krɛdíti?]
Perdone, aquí hay un error.	**Më falni por ka një gabim këtu.** [mə fálni por ka ɲə gabím kətú]

De Compras

¿Puedo ayudarle?	**Mund t'ju ndihmoj?** [mund t'ju ndihmój?]
¿Tiene ...?	**Keni ...?** [kéni ...?]
Busco ...	**Kërkoj ...** [kərkój ...]
Necesito ...	**Më nevojitet ...** [mə nɛvojítɛt ...]

Sólo estoy mirando.	**Thjesht po shoh.** [θjɛʃt po ʃoh]
Sólo estamos mirando.	**Thjesht po shohim.** [θjɛʃt po ʃóhim]
Volveré más tarde.	**Do vij më vonë.** [do víj mə vónə]
Volveremos más tarde.	**Do vijmë më vonë.** [do víjmə mə vónə]
descuentos | oferta	**ulje çmimesh | ulje** [úljɛ tʃmímeʃ | úljɛ]

Por favor, enséñeme ...	**Ju lutem mund të më tregoni ...** [ju lútɛm mund tə mə trɛgóni ...]
¿Me puede dar ..., por favor?	**Ju lutem mund të më jepni ...** [ju lútɛm mund tə mə jépni ...]
¿Puedo probarmelo?	**Mund ta provoj?** [mund ta provój?]
Perdone, ¿dónde están los probadores?	**Më falni, ku është dhoma e provës?** [mə fálni, ku ə́ʃtə ðóma ɛ próvəs?]
¿Qué color le gustaria?	**Çfarë ngjyre e doni?** [tʃfárə njýrɛ ɛ dóni?]
la talla | el largo	**numri | gjatësia** [númri | ɟatəsía]
¿Cómo le queda? (¿Está bien?)	**Si ju rri?** [si ju ri?]

¿Cuánto cuesta esto?	**Sa kushton?** [sa kuʃtón?]
Es muy caro.	**Është shumë shtrenjtë.** [ə́ʃtə ʃúmə ʃtréɲtə]
Me lo llevo.	**Do ta marr.** [do ta mar]
Perdone, ¿dónde está la caja?	**Më falni, ku duhet të paguaj?** [mə fálni, ku dúhɛt tə paguáj?]

¿Pagará en efectivo o con tarjeta?

Do paguani me para në dorë apo kartelë krediti?
[do pagúani mɛ pará nə dórə apo kartélə krɛdíti?]

en efectivo | con tarjeta

Me para në dorë | me kartelë krediti
[mɛ pará nə dórə | mɛ kartélə krɛdíti]

¿Quiere el recibo?

Dëshironi faturën?
[dəʃiróni fatúrən?]

Sí, por favor.

Po faleminderit.
[po falɛmindérit]

No, gracias.

Jo, s'ka problem.
[jo, s'ka problém]

Gracias. ¡Que tenga un buen día!

Faleminderit. Ditë të mbarë!
[falɛmindérit. dítə tə mbárə!]

En la ciudad

Perdone, por favor.	**Më falni, ju lutem.** [mə fálni, ju lútɛm]
Busco ...	**Kërkoj ...** [kərkój ...]
el metro	**metronë** [mɛtrónə]
mi hotel	**hotelin** [hotélin]

el cine	**kinemanë** [kinɛmánə]
una parada de taxis	**një stacion për taksi** [ɲə statsión pər táksi]
un cajero automático	**një bankomat** [ɲə bankomát]
una oficina de cambio	**një zyrë shkëmbimi parash** [ɲə zýrə ʃkəmbími paráʃ]

un cibercafé	**një internet kafe** [ɲə intɛrnét káfɛ]
la calle ...	**rrugën ...** [rúgən ...]
este lugar	**këtë vend** [kétə vɛnd]

¿Sabe usted dónde está ...?	**Dini ku ndodhet ...?** [díni ku ndóðɛt ...?]
¿Cómo se llama esta calle?	**Cila rrugë është kjo?** [tsíla rúgə éʃtə kjó?]
Muestreme dónde estamos ahora.	**Më tregoni ku ndodhemi tani.** [mə trɛgóni ku ndóðɛmi taní]
¿Puedo llegar a pie?	**Mund të shkoj me këmbë deri atje?** [mund tə ʃkoj mɛ kémbə déri atjé?]
¿Tiene un mapa de la ciudad?	**Keni hartë të qytetit?** [kéni hártə tə cytétit?]

¿Cuánto cuesta la entrada?	**Sa kushton një biletë hyrje?** [sa kuʃtón ɲə bilétə hýrjɛ?]
¿Se pueden hacer fotos aquí?	**Mund të bëj fotografi këtu?** [mund tə bəj fotografí kətú?]
¿Está abierto?	**Jeni të hapur?** [jéni tə hápurʔ?]

¿A qué hora abren?

Kur hapeni?
[kur hápɛni?]

¿A qué hora cierran?

Kur mbylleni?
[kur mbýɫɛni?]

Dinero

dinero	**para** [pará]
efectivo	**para në dorë** [pará nə dórə]
billetes	**kartëmonedha** [kartəmonéða]
monedas	**kusur** [kusúr]
la cuenta | el cambio | la propina	**llogari | kusur | bakshish** [ɬogarí | kusúr | bakʃíʃ]

la tarjeta de crédito	**kartelë krediti** [kartélə krɛdíti]
la cartera	**portofol** [portofól]
comprar	**të blej** [tə blɛj]
pagar	**të paguaj** [tə pagúaj]
la multa	**gjobë** [ɟóbə]
gratis	**falas** [fálas]

¿Dónde puedo comprar ...?	**Ku mund të blej ...?** [ku mund tə bléj ...?]
¿Está el banco abierto ahora?	**Është banka e hapur tani?** [əʃtə bánka ɛ hápur taní?]
¿A qué hora abre?	**Kur hapet?** [kur hápɛt?]
¿A qué hora cierra?	**Kur mbyllet?** [kur mbýɬɛt?]

¿Cuánto cuesta?	**Sa kushton?** [sa kuʃtón?]
¿Cuánto cuesta esto?	**Sa kushton kjo?** [sa kuʃtón kjo?]
Es muy caro.	**Është shumë shtrenjtë.** [əʃtə ʃúmə ʃtréɲtə]

Perdone, ¿dónde está la caja?	**Më falni, ku duhet të paguaj?** [mə fálni, ku dúhɛt tə pagúaj?]
La cuenta, por favor.	**Llogarinë, ju lutem.** [ɬogarínə, ju lútɛm]

¿Puedo pagar con tarjeta?	**Mund të paguaj me kartelë krediti?**
	[mund tə pagúaj mɛ kartélə krɛdíti?]
¿Hay un cajero por aquí?	**Ka ndonjë bankomat këtu?**
	[ka ndóɲə bankomát kətú?]
Busco un cajero automático.	**Kërkoj një bankomat.**
	[kərkój ɲə bankomát]

Busco una oficina de cambio.	**Kërkoj një zyrë të këmbimit valutor.**
	[kərkój ɲə zýrə tə kəmbímit valutór]
Quisiera cambiar ...	**Dua të këmbej ...**
	[dúa tə kəmbéj ...]
¿Cuál es el tipo de cambio?	**Sa është kursi i këmbimit?**
	[sa éʃtə kúrsi i kəmbímit?]
¿Necesita mi pasaporte?	**Ju duhet pasaporta ime?**
	[ju dúhɛt pasapórta ímɛ?]

Tiempo

¿Qué hora es?	**Sa është ora?** [sa éʃtə óra?]
¿Cuándo?	**Kur?** [kur?]
¿A qué hora?	**Në çfarë ore?** [nə tʃfárə órɛ?]
ahora | luego | después de …	**tani | më vonë | pas …** [taní | mə vónə | pas …]
la una	**ora një** [óra ɲə]
la una y cuarto	**një e çerek** [ɲə ɛ tʃɛrék]
la una y medio	**një e tridhjetë** [ɲə ɛ triðjétə]
las dos menos cuarto	**një e dyzet e pesë** [ɲə ɛ dyzét ɛ pésə]
una | dos | tres	**një | dy | tre** [ɲə | dy | trɛ]
cuatro | cinco | seis	**katër | pesë | gjashtë** [kátər | pésə | ɟáʃtə]
siete | ocho | nueve	**shtatë | tetë | nëntë** [ʃtátə | tétə | nə́ntə]
diez | once | doce	**dhjetë | njëmbëdhjetë | dymbëdhjetë** [ðjétə | ɲəmbəðjétə | dymbəðjétə]
en …	**për …** [pər …]
cinco minutos	**pesë minuta** [pésə minúta]
diez minutos	**dhjetë minuta** [ðjétə minúta]
quince minutos	**pesëmbëdhjetë minuta** [pɛsəmbəðjétə minúta]
veinte minutos	**njëzet minuta** [ɲəzét minúta]
media hora	**gjysmë ore** [ɟýsmə órɛ]
una hora	**një orë** [ɲə órə]
por la mañana	**në mëngjes** [nə mənɟés]

por la mañana temprano	**në mëngjes herët** [nə mənɟés hérət]
esta mañana	**sot në mëngjes** [sot nə mənɟés]
mañana por la mañana	**nesër në mëngjes** [nésər nə mənɟés]

al mediodía	**në mesditë** [nə mɛsdítə]
por la tarde	**në pasdite** [nə pasdítɛ]
por la noche	**në mbrëmje** [nə mbrə́mjɛ]
esta noche	**sonte** [sóntɛ]

por la noche	**natën** [nátən]
ayer	**dje** [djé]
hoy	**sot** [sot]
mañana	**nesër** [nésər]
pasado mañana	**pasnesër** [pasnésər]

¿Qué día es hoy?	**Çfarë dite është sot?** [tʃfárə dítɛ ə́ʃtə sot?]
Es ...	**Është ...** [ə́ʃtə ...]
lunes	**E hënë** [ɛ hə́nə]
martes	**E martë** [ɛ mártə]
miércoles	**E mërkurë** [ɛ mərkúrə]

jueves	**E enjte** [ɛ éɲtɛ]
viernes	**E premte** [ɛ prémtɛ]
sábado	**E shtunë** [ɛ ʃtúnə]
domingo	**E diel** [ɛ díɛl]

Saludos. Presentaciones.

Hola. **Përshëndetje.**
[pərʃəndétjɛ]

Encantado /Encantada/ de conocerle. **Kënaqësi që u njohëm.**
[kənacəsí cə u ɲóhəm]

Yo también. **Gjithashtu.**
[ɟiθaʃtú]

Le presento a … **Ju prezantoj me …**
[ju prɛzantój mɛ …]

Encantado. **Gëzohem që u njohëm.**
[gəzóhɛm cə u ɲóhəm]

¿Cómo está? **Si jeni?**
[si jéni?]

Me llamo … **Më quajnë …**
[mə cúajnə …]

Se llama … **Ai quhet …**
[ai cúhɛt …]

Se llama … **Ajo quhet …**
[ajó cúhɛt …]

¿Cómo se llama (usted)? **Si quheni?**
[si cúhɛni?]

¿Cómo se llama (él)? **Si e quajnë?**
[si ɛ cúajnə?]

¿Cómo se llama (ella)? **Si e quajnë?**
[si ɛ cúajnə?]

¿Cuál es su apellido? **Si e keni mbiemrin?**
[si ɛ kéni mbiémrin?]

Puede llamarme … **Mund të më thërrisni …**
[mund tə mə θərísni …]

¿De dónde es usted? **Nga jeni?**
[ŋa jéni?]

Yo soy de …. **Jam nga …**
[jam ŋa …]

¿A qué se dedica? **Me çfarë merreni?**
[mɛ tʃfárə mérɛni?]

¿Quién es? **Kush është ky?**
[kuʃ əʃtə ky?]

¿Quién es él? **Kush është ai?**
[kuʃ əʃtə ái?]

¿Quién es ella? **Kush është ajo?**
[kuʃ əʃtə ajó?]

¿Quiénes son? **Kush janë ata?**
[kuʃ jánə atá?]

Este es ...	**Ky /Kjo/ është ...** [ky /kjo/ ə∫tə ...]
mi amigo	**shoku im** [∫óku im]
mi amiga	**shoqja ime** [∫ócja ímɛ]
mi marido	**bashkëshorti im** [ba∫kə∫órti im]
mi mujer	**bashkëshortja ime** [ba∫kə∫órtja imɛ]
mi padre	**babai im** [babái im]
mi madre	**nëna ime** [nəna ímɛ]
mi hermano	**vëllai im** [vəɫái im]
mi hermana	**motra ime** [mótra ímɛ]
mi hijo	**djali im** [djáli im]
mi hija	**vajza ime** [vájza ímɛ]
Este es nuestro hijo.	**Ky është djali ynë.** [ky ə∫tə djáli ýnə]
Esta es nuestra hija.	**Kjo është vajza jonë.** [kjo ə∫tə vájza jónə]
Estos son mis hijos.	**Këta janë fëmijët e mi.** [kətá jánə fəmíjət ɛ mi]
Estos son nuestros hijos.	**Këta janë fëmijët tanë.** [kətá jánə fəmíjət tánə]

Despedidas

¡Adiós!	**Mirupafshim!** [mirupáfʃim!]
¡Chau!	**Pafshim!** [páfʃim!]
Hasta mañana.	**Shihemi nesër.** [ʃíhɛmi nésər]
Hasta pronto.	**Shihemi së shpejti.** [ʃíhɛmi sə ʃpéjti]
Te veo a las siete.	**Shihemi në orën shtatë.** [ʃíhɛmi nə órən ʃtátə]

¡Que se diviertan!	**ia kalofshi mirë!** [ía kalófʃi mírə!]
Hablamos más tarde.	**Flasim më vonë.** [flásim mə vónə]
Que tengas un buen fin de semana.	**Fundjavë të këndshme.** [fundjávə tə kéndʃmɛ]
Buenas noches.	**Natën e mirë.** [nátən ɛ mírə]

Es hora de irme.	**erdhi koha të ik.** [érði kóha tə ik]
Tengo que irme.	**Duhet të ik.** [dúhɛt tə ik]
Ahora vuelvo.	**Kthehem menjëherë.** [kθéhɛm mɛɲəhérə]

Es tarde.	**Është vonë.** [éʃtə vónə]
Tengo que levantarme temprano.	**Duhet të ngrihem herët.** [dúhɛt tə ŋríhɛm hérət]
Me voy mañana.	**Do ik nesër.** [do ik nésər]
Nos vamos mañana.	**Do ikim nesër.** [do íkim nésər]

¡Que tenga un buen viaje!	**Udhëtim të mbarë!** [uðətím tə mbárə!]
Ha sido un placer.	**ishte kënaqësi.** [íʃtɛ kənacəsí]
Fue un placer hablar con usted.	**ishte kënaqësi që folëm.** [íʃtɛ kənacəsí cə fóləm]
Gracias por todo.	**Faleminderit për gjithçka.** [falɛmindérit pər ɟíθtʃka]

Lo he pasado muy bien.

ia kalova shumë mirë.
[ía kalóva ʃúmə mírə]

Lo pasamos muy bien.

ia kaluam shumë mirë.
[ía kalúam ʃúmə mírə]

Fue genial.

ishte vërtet fantastike.
[íʃtɛ vərtét fantastíkɛ]

Le voy a echar de menos.

Do më marrë malli.
[do mə márə máɫi]

Le vamos a echar de menos.

Do na marrë malli.
[do na márə máɫi]

¡Suerte!

Suksese!
[suksésɛ!]

Saludos a ...

I bën të fala ...
[i bən tə fála ...]

Idioma extranjero

No entiendo.	**Nuk kuptoj.** [nuk kuptój]
Escríbalo, por favor.	**Shkruajeni, ju lutem.** [ʃkrúajɛni, ju lútɛm]
¿Habla usted ...?	**Flisni ...?** [flísni ...?]

Hablo un poco de ...	**Flas pak ...** [flás pak ...]
inglés	**Anglisht** [aŋlíʃt]
turco	**Turqisht** [turcíʃt]
árabe	**Arabisht** [arabíʃt]
francés	**Frëngjisht** [frənɉíʃt]

alemán	**Gjermanisht** [ɉɛrmaníʃt]
italiano	**Italisht** [italíʃt]
español	**Spanjisht** [spaɲíʃt]
portugués	**Portugalisht** [portugalíʃt]
chino	**Kinezisht** [kinɛzíʃt]
japonés	**Japonisht** [japoníʃt]

¿Puede repetirlo, por favor?	**Mund ta përsërisni, ju lutem.** [mund ta pərsərísni, ju lútɛm]
Lo entiendo.	**Kuptoj.** [kuptój]
No entiendo.	**Nuk kuptoj.** [nuk kuptój]
Hable más despacio, por favor.	**Ju lutem, flisni më ngadalë.** [ju lútɛm, flísni mə ŋadálə]

¿Está bien?	**E saktë?** [ɛ sáktə?]
¿Qué es esto? (¿Que significa esto?)	**Çfarë është kjo?** [tʃfárə əʃtə kjó?]

Disculpas

Perdone, por favor.	**Më falni.** [mə fálni]
Lo siento.	**Më vjen keq.** [mə vjɛn kɛc]
Lo siento mucho.	**Më vjen shumë keq.** [mə vjɛn ʃúmə kɛc]
Perdón, fue culpa mía.	**Më fal, është faji im.** [mə fal, əʃtə fáji im]
Culpa mía.	**Gabimi im.** [gabími im]

¿Puedo ...?	**Mund të ...?** [mund tə ...?]
¿Le molesta si ...?	**Ju vjen keq nëse ...?** [ju vjɛn kɛc nésɛ ...?]
¡No hay problema! (No pasa nada.)	**Është në rregull.** [əʃtə nə réguɫ]
Todo está bien.	**Është në rregull.** [əʃtə nə réguɫ]
No se preocupe.	**Mos u shqetësoni.** [mos u ʃcɛtəsóni]

Acuerdos

Sí.	**Po.** [po]
Sí, claro.	**Po, sigurisht.** [po, siguríʃt]
Bien.	**Në rregull.** [nə réguł]
Muy bien.	**Shumë mirë.** [ʃúmə mírə]
¡Claro que sí!	**Sigurisht!** [siguríʃt!]
Estoy de acuerdo.	**Jam dakord.** [jam dakórd]

Es verdad.	**E saktë.** [ɛ sáktə]
Es correcto.	**E drejtë.** [ɛ dréjtə]
Tiene razón.	**Keni të drejtë.** [kéni tə dréjtə]
No me molesta.	**S'e kam problem.** [s'ɛ kam problém]
Es completamente cierto.	**Absolutisht e drejtë.** [absolutíʃt ɛ dréjtə]

Es posible.	**Është e mundur.** [əʃtə ɛ múndur]
Es una buena idea.	**Ide e mirë.** [idé ɛ mírə]
No puedo decir que no.	**Nuk them dot jo.** [nuk θɛm dot jo]
Estaré encantado /encantada/.	**Është kënaqësi.** [əʃtə kənacəsí]
Será un placer.	**Me kënaqësi.** [mɛ kənacəsí]

Rechazo. Expresar duda

No.

Jo.
[jo]

Claro que no.

Sigurisht që jo.
[siguríʃt cə jo]

No estoy de acuerdo.

Nuk jam dakord.
[nuk jam dakórd]

No lo creo.

Nuk ma ha mendja.
[nuk ma ha méndja]

No es verdad.

Nuk është e vërtetë.
[nuk əʃtə ɛ vərtétə]

No tiene razón.

E keni gabim.
[ɛ kéni gabím]

Creo que no tiene razón.

Më duket se e keni gabim.
[mə dúkɛt sɛ ɛ kéni gabím]

No estoy seguro /segura/.

Nuk jam i sigurt.
[nuk jam i sígurt]

No es posible.

Është e pamundur.
[əʃtə ɛ pámundur]

¡Nada de eso!

Asgjë e këtij lloji!
[asɟə ɛ kətíj ɫóji!]

Justo lo contrario.

Krejt e kundërta.
[kréjt ɛ kúndərta]

Estoy en contra de ello.

Jam kundër.
[jam kúndər]

No me importa. (Me da igual.)

Nuk më intereson.
[nuk mə intɛrɛsón]

No tengo ni idea.

Nuk e kam idenë.
[nuk ɛ kam idénə]

Dudo que sea así.

Dyshoj.
[dyʃój]

Lo siento, no puedo.

Më falni, nuk mundem.
[mə fálni, nuk múndɛm]

Lo siento, no quiero.

Më vjen keq, nuk dua.
[mə vjɛn kɛc, nuk dúa]

Gracias, pero no lo necesito.

Faleminderit, por s'kam nevojë për këtë.
[falɛmindérit, por s'kam nɛvójə pər kəté]

Ya es tarde.

Po shkon vonë.
[po ʃkon vónə]

Tengo que levantarme temprano.

Duhet të ngrihem herët.
[dúhɛt tə ŋríhɛm hérət]

Me encuentro mal.

Nuk ndihem mirë.
[nuk ndíhɛm mírə]

Expresar gratitud

Gracias.	**Faleminderit.** [falɛmindérit]
Muchas gracias.	**Faleminderit shumë.** [falɛmindérit ʃúmə]
De verdad lo aprecio.	**E vlerësoj shumë.** [ɛ vlɛrəsój ʃúmə]
Se lo agradezco.	**Ju jam shumë mirënjohës.** [ju jam ʃúmə mirəɲóhəs]
Se lo agradecemos.	**Ju jemi shumë mirënjohës.** [ju jémi ʃúmə mirəɲóhəs]

Gracias por su tiempo.	**Faleminderit për kohën që më kushtuat.** [falɛmindérit pər kóhən cə mə kuʃtúat]
Gracias por todo.	**Faleminderit për gjithçka.** [falɛmindérit pər ɟíθtʃka]
Gracias por ...	**Faleminderit për ...** [falɛmindérit pər ...]
su ayuda	**ndihmën tuaj** [ndíhmən túaj]
tan agradable momento	**kohën e këndshme** [kóhən ɛ kəndʃmɛ]

una comida estupenda	**një vakt i mrekullueshëm** [ɲə vakt i mrɛkuɫúɛʃəm]
una velada tan agradable	**një mbrëmje e këndshme** [ɲə mbrémjɛ ɛ kəndʃmɛ]
un día maravilloso	**një ditë e mrekullueshme** [ɲə dítə ɛ mrɛkuɫúɛʃmɛ]
un viaje increíble	**një udhëtim i mahnitshëm** [ɲə uðətím i mahnítʃəm]

No hay de qué.	**Mos u shqetësoni fare.** [mos u ʃcɛtəsóni fárɛ]
De nada.	**Ju lutem.** [ju lútɛm]
Siempre a su disposición.	**Në çdo kohë.** [nə tʃdo kóhə]
Encantado /Encantada/ de ayudarle.	**Kënaqësia ime.** [kənacəsía ímɛ]

No hay de qué.

Harroje.
[harójɛ]

No tiene importancia.

Mos u shqetësoni.
[mos u ʃcɛtəsóni]

Felicitaciones , Mejores Deseos

¡Felicidades!	**Urime!** [urímɛ!]
¡Feliz Cumpleaños!	**Gëzuar ditëlindjen!** [gəzúar ditəlíndjɛn!]
¡Feliz Navidad!	**Gëzuar Krishtlindjet!** [gəzúar kriʃtlíndjɛt!]
¡Feliz Año Nuevo!	**Gëzuar Vitin e Ri!** [gəzúar vítin ɛ ri!]

¡Felices Pascuas!	**Gëzuar Pashkët!** [gəzúar páʃkət!]
¡Feliz Hanukkah!	**Gëzuar Hanukkah!** [gəzúar hanúkkah!]

Quiero brindar.	**Dua të ngre një dolli.** [dúa tə ŋré ɲə doɫí]
¡Salud!	**Gëzuar!** [gəzúar!]
¡Brindemos por …!	**Le të pijmë në shëndetin e …!** [lɛ tə píjmə nə ʃəndétin ɛ …!]
¡A nuestro éxito!	**Për suksesin tonë!** [pər suksésin tónə!]
¡A su éxito!	**Për suksesin tuaj!** [pər suksésin túaj!]

¡Suerte!	**Suksese!** [suksésɛ!]
¡Que tenga un buen día!	**Uroj një ditë të mbarë!** [urój ɲə dítə tə mbárə!]
¡Que tenga unas buenas vacaciones!	**Uroj pushime të këndshme!** [urój puʃímɛ tə kəndʃmɛ!]
¡Que tenga un buen viaje!	**Udhëtim të mbarë!** [uðətím tə mbárə!]
¡Espero que se recupere pronto!	**Ju dëshiroj shërim të shpejtë!** [ju dəʃirój ʃərím tə ʃpéjtə!]

Socializarse

¿Por qué está triste?

¡Sonría! ¡Anímese!

¿Está libre esta noche?

Pse jeni i /e/ mërzitur?
[psɛ jéni i /ɛ/ mərzítur?]

Buzëqeshni! Gëzohuni!
[buzəcéʃni! gəzóhuni!]

Je i /e/ lirë sonte?
[jɛ i /ɛ/ lírə sóntɛ?]

¿Puedo ofrecerle algo de beber?

¿Querría bailar conmigo?

Vamos a ir al cine.

Mund t'ju ofroj një pije?
[mund t'ju ofrój ɲə píjɛ?]

Doni të kërcejmë?
[dóni tə kərtséjmə?]

Shkojmë në kinema.
[ʃkójmə nə kinɛmá]

¿Puedo invitarle a …?

un restaurante

el cine

el teatro

dar una vuelta

Mund t'ju ftoj …?
[mund t'ju ftoj …?]

në restorant
[nə rɛstoránt]

në kinema
[nə kinɛmá]

në teatër
[nə tɛátər]

për një shëtitje
[pər ɲə ʃətítjɛ]

¿A qué hora?

esta noche

a las seis

a las siete

a las ocho

a las nueve

Në çfarë ore?
[nə tʃfárə órɛ?]

sonte
[sóntɛ]

në gjashtë
[nə ɟáʃtə]

në shtatë
[nə ʃtátə]

në tetë
[nə tétə]

në nëntë
[nə nəntə]

¿Le gusta este lugar?

¿Está aquí con alguien?

Estoy con mi amigo /amiga/.

Ju pëlqen këtu?
[ju pəlcén kətú?]

Keni ardhur të shoqëruar?
[kéni árður tə ʃocərúar?]

Jam me një shok /shoqe/.
[jam mɛ ɲə ʃok /ʃócɛ/]

Estoy con amigos.

Jam me shoqëri.
[jam mɛ ʃocərí]

No, estoy solo /sola/.

Jo, jam vetëm.
[jo, jam vétəm]

¿Tienes novio?

Ke të dashur?
[kɛ tə dáʃur?]

Tengo novio.

Kam të dashur.
[kam tə dáʃur]

¿Tienes novia?

Ke të dashur?
[kɛ tə dáʃur?]

Tengo novia.

Kam të dashur.
[kam tə dáʃur]

¿Te puedo volver a ver?

Mund të takohemi përsëri?
[mund tə takóhɛmi pərsərí?]

¿Te puedo llamar?

Mund të të telefonoj?
[mund tə tə tɛlɛfonój?]

Llámame.

Më telefono.
[mə tɛlɛfonó]

¿Cuál es tu número?

Cili është numri yt?
[tsíli éʃtə númri yt?]

Te echo de menos.

Më mungon.
[mə muŋón]

¡Qué nombre tan bonito!

Keni emër të bukur.
[kéni émər tə búkur]

Te quiero.

Të dua.
[tə dúa]

¿Te casarías conmigo?

Do martohesh me mua?
[do martóhɛʃ mɛ múa?]

¡Está de broma!

Bëni shaka!
[béni ʃaká!]

Sólo estoy bromeando.

Bëj shaka.
[bəj ʃaká]

¿En serio?

E keni seriozisht?
[ɛ kéni sɛriozíʃt?]

Lo digo en serio.

E kam seriozisht.
[ɛ kam sɛriozíʃt]

¿De verdad?

Vërtet?!
[vərtét?!]

¡Es increíble!

E pabesueshme!
[ɛ pabɛsúɛʃmɛ!]

No le creo.

S'ju besoj.
[s'ju bɛsój]

No puedo.

S'mundem.
[s'múndɛm]

No lo sé.

Nuk e di.
[nuk ɛ di]

No le entiendo.

Nuk ju kuptoj.
[nuk ju kuptój]

Váyase, por favor.	**Ju lutem largohuni.**
	[ju lútɛm largóhuni]
¡Déjeme en paz!	**Më lini të qetë!**
	[mə líni tə cétə!]

Es inaguantable.	**Se duroj dot.**
	[sɛ durój dot]
¡Es un asqueroso!	**Jeni të neveritshëm!**
	[jéni tə nɛvɛrítʃəm!]
¡Llamaré a la policía!	**Do thërras policinë!**
	[do θərás politsínə!]

Compartir impresiones. Emociones

Me gusta.	**Më pëlqen.** [mə pəlcén]
Muy lindo.	**Shumë bukur** [ʃúmə búkur]
¡Es genial!	**Fantastike!** [fantastíkɛ!]
No está mal.	**Nuk është keq.** [nuk əʃtə kɛc]

No me gusta.	**Nuk më pëlqen.** [nuk mə pəlcén]
No está bien.	**Nuk është mirë.** [nuk əʃtə mírə]
Está mal.	**Është keq.** [əʃtə kɛc]
Está muy mal.	**Është shumë keq.** [əʃtə ʃúmə kɛc]
¡Qué asco!	**Është e shpifur.** [əʃtə ɛ ʃpífur]

Estoy feliz.	**Jam i /e/ lumtur.** [jam i /ɛ/ lúmtur]
Estoy contento /contenta/.	**Jam i /e/ kënaqur.** [jam i /ɛ/ kənácur]
Estoy enamorado /enamorada/.	**Jam i /e/ dashuruar.** [jam i /ɛ/ daʃurúar]
Estoy tranquilo.	**Jam i /e/ qetë.** [jam i /ɛ/ cétə]
Estoy aburrido.	**Jam i /e/ mërzitur.** [jam i /ɛ/ mərzítur]

Estoy cansado /cansada/.	**Jam i /e/ lodhur.** [jam i /ɛ/ lóður]
Estoy triste.	**Jam i /e/ trishtuar.** [jam i /ɛ/ triʃtúar]
Estoy asustado.	**Jam i /e/ frikësuar.** [jam i /ɛ/ frikəsúar]
Estoy enfadado /enfadada/.	**Jam i /e/ zemëruar.** [jam i /ɛ/ zɛmərúar]

Estoy preocupado /preocupada/.	**Jam i /e/ shqetësuar.** [jam i /ɛ/ ʃcɛtəsúar]
Estoy nervioso /nerviosa/.	**Jam nervoz /nervoze/.** [jam nɛrvóz /nɛrvózɛ/]

Estoy celoso /celosa/.

Jam xheloz /xheloze/.
[jam dʒɛlóz /dʒɛlózɛ/]

Estoy sorprendido /sorprendida/.

Jam i /e/ befasuar.
[jam i /ɛ/ bɛfasúar]

Estoy perplejo /perpleja/.

Jam i /e/ hutuar.
[jam i /ɛ/ hutúar]

Problemas, Accidentes

Tengo un problema.	**Kam një problem.** [kam ɲə problém]
Tenemos un problema.	**Kemi një problem.** [kémi ɲə problém]
Estoy perdido /perdida/.	**Kam humbur.** [kam húmbur]
Perdi el último autobús (tren).	**Humba autobusin e fundit.** [húmba autobúsin ɛ fúndit]
No me queda más dinero.	**Kam mbetur pa para.** [kam mbétur pa pará]

He perdido …	**Humba …** [húmba …]
Me han robado …	**Dikush më vodhi …** [dikúʃ mə vóði …]
mi pasaporte	**pasaportën** [pasapórtən]
mi cartera	**portofol** [portofól]
mis papeles	**dokumentet** [dokuméntɛt]
mi billete	**biletën** [bilétən]

mi dinero	**para** [pará]
mi bolso	**çantën** [tʃántən]
mi cámara	**aparatin fotografik** [aparátin fotografík]
mi portátil	**laptop** [laptóp]
mi tableta	**kompjuterin tabletë** [kompjutérin tablétə]
mi teléfono	**celularin** [tsɛlulárin]

¡Ayúdeme!	**Ndihmë!** [ndíhmə!]
¿Qué pasó?	**Çfarë ndodhi?** [tʃfárə ndóði?]
el incendio	**zjarr** [zjar]

un tiroteo	**të shtëna** [tə ʃténa]
el asesinato	**vrasje** [vrásjɛ]
una explosión	**shpërthim** [ʃpərθím]
una pelea	**përleshje** [pərléʃjɛ]

¡Llame a la policía!	**Thërrisni policinë!** [θərísni politsínə!]
¡Más rápido, por favor!	**Ju lutem nxitoni!** [ju lútɛm ndzitóni!]
Busco la comisaría.	**Kërkoj komisariatin e policisë.** [kərkój komisariátin ɛ politsísə]
Tengo que hacer una llamada.	**Duhet të bëj një telefonatë.** [dúhɛt tə bəj ɲə tɛlɛfonátə]
¿Puedo usar su teléfono?	**Mund të përdor telefonin tuaj?** [mund tə pərdór tɛlɛfónin túaj?]

Me han ...	**Më ...** [mə ...]
asaltado /asaltada/	**sulmuan** [sulmúan]
robado /robada/	**grabitën** [grabítən]
violada	**përdhunuan** [pərðunúan]
atacado /atacada/	**rrahën** [ráhən]

¿Se encuentra bien?	**Jeni mirë?** [jéni mírə?]
¿Ha visto quien a sido?	**E patë kush ishte?** [ɛ pátə kuʃ íʃtɛ?]
¿Sería capaz de reconocer a la persona?	**Mund ta identifikoni personin?** [mund ta idɛntifikóni pɛrsónin?]
¿Está usted seguro?	**Jeni i /e/ sigurt?** [jéni i /ɛ/ sígurt?]

Por favor, cálmese.	**Ju lutem qetësohuni.** [ju lútɛm cɛtəsóhuni]
¡Cálmese!	**Merreni me qetësi!** [mérɛni mɛ cɛtəsí!]
¡No se preocupe!	**Mos u shqetësoni!** [mos u ʃcɛtəsóni!]
Todo irá bien.	**Çdo gjë do rregullohet.** [tʃdo ɟə do rɛguɫóhɛt]
Todo está bien.	**Çdo gjë është në rregull.** [tʃdo ɟə əʃtə nə réguɫ]
Venga aquí, por favor.	**ejani këtu, ju lutem.** [éjani kətú, ju lútɛm]

Tengo unas preguntas para usted.

Kam disa pyetje për ju.
[kam dísa pýɛtjɛ pər ju]

Espere un momento, por favor.

Prisni pak, ju lutem.
[prísni pak, ju lútɛm]

¿Tiene un documento de identidad?

A keni ndonjë dokument identifikimi?
[a kéni ndóɲə dokumént idɛntifikími?]

Gracias. Puede irse ahora.

Faleminderit. Mund të largoheni.
[falɛmindérit. mund tə largóhɛni.]

¡Manos detrás de la cabeza!

Duart prapa kokës!
[dúart prápa kókəs!]

¡Está arrestado!

Jeni i /e/ arrestuar!
[jéni i /ɛ/ arɛstúar!]

Problemas de salud

Ayudeme, por favor.	**Ju lutem më ndihmoni.**
	[ju lútɛm mə ndihmóni]
No me encuentro bien.	**Nuk ndihem mirë.**
	[nuk ndíhɛm mírə]
Mi marido no se encuentra bien.	**Burri im nuk ndjehet mirë.**
	[búri im nuk ndjéhɛt mírə]
Mi hijo ...	**Djali im ...**
	[djáli im ...]
Mi padre ...	**Babai im ...**
	[babái im ...]

Mi mujer no se encuentra bien.	**Gruaja ime nuk ndihet mirë.**
	[grúaja ímɛ nuk ndíhɛt mírə]
Mi hija ...	**Vajza ime ...**
	[vájza ímɛ ...]
Mi madre ...	**Nëna ime ...**
	[nə́na ímɛ ...]

Me duele ...	**Kam ...**
	[kam ...]
la cabeza	**dhimbje koke**
	[ðímbjɛ kókɛ]
la garganta	**dhimbje fyti**
	[ðímbjɛ fýti]
el estómago	**dhimbje stomaku**
	[ðímbjɛ stomáku]
un diente	**dhimbje dhëmbi**
	[ðímbjɛ ðə́mbi]

Estoy mareado.	**Ndjehem i /e/ trullosur.**
	[ndjéhɛm i /ɛ/ truɫósur]
Él tiene fiebre.	**Ka ethe.**
	[ka éθɛ]
Ella tiene fiebre.	**Ajo ka ethe.**
	[ajó ka éθɛ]
No puedo respirar.	**Nuk marr dot frymë.**
	[nuk mar dot frýmə]

Me ahogo.	**Mbeta pa frymë.**
	[mbéta pa frýmə]
Tengo asma.	**unë jam astmatik.**
	[únə jam astmatík]
Tengo diabetes.	**Jam me diabet.**
	[jam mɛ diabét]

No puedo dormir.	**Nuk fle dot.** [nuk flɛ dot]
intoxicación alimentaria	**helmim nga ushqimi** [hɛlmím ŋa uʃcími]

Me duele aquí.	**Më dhemb këtu.** [mə ðɛmb kətú]
¡Ayúdeme!	**Ndihmë!** [ndíhmə!]
¡Estoy aquí!	**Jam këtu!** [jam kətú!]
¡Estamos aquí!	**Jemi këtu!** [jémi kətú!]
¡Saquenme de aquí!	**Më nxirrni nga këtu!** [mə ndzírni ŋa kətú!]
Necesito un médico.	**Kam nevojë për doktor.** [kam nɛvójə pər doktór]
No me puedo mover.	**Nuk lëviz dot.** [nuk ləvíz dot]
No puedo mover mis piernas.	**Nuk lëviz dot këmbët.** [nuk ləvíz dot kémbət]

Tengo una herida.	**Jam plagosur.** [jam plagósur]
¿Es grave?	**A është serioze?** [a éʃtə sɛriózɛ?]
Mis documentos están en mi bolsillo.	**Dokumentet e mia janë në xhep.** [dokuméntɛt ɛ mía jánə nə dʒép]
¡Cálmese!	**Qetësohuni!** [cɛtəsóhuni!]
¿Puedo usar su teléfono?	**Mund të përdor telefonin tuaj?** [mund tə pərdór tɛlɛfónin túaj?]

¡Llame a una ambulancia!	**Thërrisni një ambulancë!** [θərísni ɲə ambulántsə!]
¡Es urgente!	**Është urgjente!** [éʃtə urɟéntɛ!]
¡Es una emergencia!	**Është rast urgjent!** [éʃtə rast urɟént!]
¡Más rápido, por favor!	**Ju lutem nxitoni!** [ju lútɛm ndzitóni!]
¿Puede llamar a un médico, por favor?	**Mund të thërrisni një doktor, ju lutem?** [mund tə θərísni ɲə doktór, ju lútɛm?]
¿Dónde está el hospital?	**Ku është spitali?** [ku éʃtə spitáli?]

¿Cómo se siente?	**Si ndiheni?** [si ndíhɛni?]
¿Se encuentra bien?	**Jeni mirë?** [jéni mírə?]
¿Qué pasó?	**Çfarë ndodhi?** [tʃfárə ndóði?]

Me encuentro mejor.

Ndihem më mirë tani.
[ndíhɛm mə mírə taní]

Está bien.

Është në rregull.
[ə́ʃtə nə réguł]

Todo está bien.

Është në rregull.
[ə́ʃtə nə réguł]

En la farmacia

la farmacia	**farmaci** [farmatsí]
la farmacia 24 horas	**farmaci 24 orë** [farmatsí ɲəzét ɛ kátər orə]
¿Dónde está la farmacia más cercana?	**Ku është farmacia më e afërt?** [ku éʃtə farmatsía mə ɛ áfərt?]

¿Está abierta ahora?	**Është e hapur tani?** [éʃtə ɛ hápur taní?]
¿A qué hora abre?	**Në çfarë ore hapet?** [nə tʃfárə órɛ hápɛt?]
¿A qué hora cierra?	**Në çfarë ore mbyllet?** [nə tʃfárə órɛ mbýɫɛt?]

¿Está lejos?	**Është larg?** [éʃtə larg?]
¿Puedo llegar a pie?	**Mund të shkoj me këmbë deri atje?** [mund tə ʃkoj mɛ kémbə déri atjé?]
¿Puede mostrarme en el mapa?	**Mund të më tregoni në hartë?** [mund tə mə trɛgóni nə hártə?]

Por favor, deme algo para …	**Ju lutem më jepni diçka për …** [ju lútɛm mə jépni ditʃká pər …]
un dolor de cabeza	**dhimbje koke** [ðímbjɛ kókɛ]
la tos	**kollë** [kóɫə]
el resfriado	**ftohje** [ftóhjɛ]
la gripe	**grip** [grip]

la fiebre	**ethe** [éθɛ]
un dolor de estomago	**dhimbje stomaku** [ðímbjɛ stomáku]
nauseas	**të përziera** [tə pərzíɛra]
la diarrea	**diarre** [diaré]
el estreñimiento	**kapsllëk** [kapsɫék]
un dolor de espalda	**dhimbje në shpinë** [ðímbjɛ nə ʃpínə]

un dolor de pecho	**dhimbje në kraharor** [ðímbjɛ nə kraharór]
el flato	**dhimbje në brinjë** [ðímbjɛ nə bríɲə]
un dolor abdominal	**dhimbje barku** [ðímbjɛ bárku]

la píldora	**pilulë** [pilúlə]
la crema	**vaj, krem** [vaj], [krɛm]
el jarabe	**shurup** [ʃurúp]
el spray	**sprej** [sprɛj]
las gotas	**pika** [píka]

Tiene que ir al hospital.	**Duhet të shkoni në spital.** [dúhɛt tə ʃkóni nə spitál]
el seguro de salud	**sigurim shëndetësor** [sigurím ʃəndɛtəsór]
la receta	**recetë** [rɛtsétə]
el repelente de insectos	**mbrojtës nga insektet** [mbrójtəs ŋa inséktɛt]
la curita	**leukoplast** [lɛukoplást]

Lo más imprescindible

Perdone, ...	**Më falni, ...** [mə fálni, ...]
Hola.	**Përshëndetje.** [pərʃəndétjɛ]
Gracias.	**Faleminderit.** [falɛmindérit]

Sí.	**Po.** [po]
No.	**Jo.** [jo]
No lo sé.	**Nuk e di.** [nuk ɛ di]
¿Dónde? | ¿A dónde? | ¿Cuándo?	**Ku? | Për ku? | Kur?** [ku? | pər ku? | kur?]

Necesito ...	**Më nevojitet ...** [mə nɛvojítɛt ...]
Quiero ...	**Dua ...** [dúa ...]
¿Tiene ...?	**Keni ...?** [kéni ...?]
¿Hay ... por aquí?	**A ka ... këtu?** [a ka ... kətú?]
¿Puedo ...?	**Mund të ...?** [mund tə ...?]
..., por favor? (petición educada)	**..., ju lutem** [..., ju lútɛm]

Busco ...	**Kërkoj ...** [kərkój ...]
el servicio	**tualet** [tualét]
un cajero automático	**bankomat** [bankomát]
una farmacia	**farmaci** [farmatsí]
el hospital	**spital** [spitál]

la comisaría	**komisariat policie** [komisariát politsíɛ]
el metro	**metro** [mɛtró]

un taxi	**taksi** [táksi]
la estación de tren	**stacion treni** [statsión trɛni]

Me llamo ...	**Më quajnë ...** [mə cúajnə ...]
¿Cómo se llama?	**Si quheni?** [si cúhɛni?]
¿Puede ayudarme, por favor?	**Ju lutem, mund të ndihmoni?** [ju lútɛm, mund tə ndihmóni?]
Tengo un problema.	**Kam një problem.** [kam ɲə problém]
Me encuentro mal.	**Nuk ndihem mirë.** [nuk ndíhɛm mírə]
¡Llame a una ambulancia!	**Thërrisni një ambulancë!** [θərísni ɲə ambulántsə!]
¿Puedo llamar, por favor?	**Mund të bëj një telefonatë?** [mund tə bəj ɲə tɛlɛfonátə?]

Lo siento.	**Më vjen keq.** [mə vjɛn kɛc]
De nada.	**Ju lutem.** [ju lútɛm]

Yo	**unë, mua** [únə], [múa]
tú	**ti** [ti]
él	**ai** [ai]
ella	**ajo** [ajó]
ellos	**ata** [atá]
ellas	**ato** [ató]
nosotros /nosotras/	**ne** [nɛ]
ustedes, vosotros	**ju** [ju]
usted	**ju** [ju]

ENTRADA	**HYRJE** [hýrjɛ]
SALIDA	**DALJE** [dáljɛ]
FUERA DE SERVICIO	**NUK FUNKSIONON** [nuk funksionón]
CERRADO	**MBYLLUR** [mbýɫur]

ABIERTO	**HAPUR** [hápur]
PARA SEÑORAS	**PËR FEMRA** [pər fémra]
PARA CABALLEROS	**PËR MESHKUJ** [pər méʃkuj]

VOCABULARIO TEMÁTICO

Esta sección contiene más
de 3.000 de las palabras más
importantes. El diccionario
le proporcionará una ayuda
inestimable mientras viaja al
extranjero, porque las palabras
individuales son a menudo
suficientes para que
le entiendan.
El diccionario incluye una
transcripción adecuada
de cada palabra extranjera

T&P Books Publishing

CONTENIDO
DEL DICCIONARIO

T&P Books Publishing

T&P BOOKS

CONCEPTOS BÁSICOS

T&P Books Publishing

1. Los pronombres

yo	Unë, mua	[unə], [múa]
tú	ti, ty	[ti], [ty]
él	ai	[aí]
ella	ajo	[ajó]
ello	ai	[aí]
nosotros, -as	ne	[nɛ]
vosotros, -as	ju	[ju]
ellos	ata	[atá]
ellas	ato	[ató]

2. Saludos. Salutaciones

¡Hola! (fam.)	Përshëndetje!	[pərʃəndétjɛ!]
¡Hola! (form.)	Përshëndetje!	[pərʃəndétjɛ!]
¡Buenos días!	Mirëmëngjes!	[mirəmənɟés!]
¡Buenas tardes!	Mirëdita!	[mirədíta!]
¡Buenas noches!	Mirëmbrëma!	[mirəmbréma!]

decir hola	përshëndes	[pərʃəndés]
¡Hola! (a un amigo)	Ç'kemi!	[tʃ'kémi!]
saludo (m)	përshëndetje (f)	[pərʃəndétjɛ]
saludar (vt)	përshëndes	[pərʃəndés]
¿Cómo estáis?	Si jeni?	[si jéni?]
¿Cómo estás?	Si je?	[si jɛ?]
¿Qué hay de nuevo?	Çfarë ka të re?	[tʃfárə ká tə ré?]

¡Hasta la vista! (form.)	Mirupafshim!	[mirupáfʃim!]
¡Hasta la vista! (fam.)	U pafshim!	[u páfʃim!]
¡Hasta pronto!	Shihemi së shpejti!	[ʃíhɛmi sə ʃpéjti!]
¡Adiós!	Lamtumirë!	[lamtumírə!]
despedirse (vr)	përshëndetem	[pərʃəndétɛm]
¡Hasta luego!	Tungjatjeta!	[tunɟatjéta!]

¡Gracias!	Faleminderit!	[falɛmindérit!]
¡Muchas gracias!	Faleminderit shumë!	[falɛmindérit ʃúmə!]
De nada	Të lutem	[tə lútɛm]
No hay de qué	Asgjë!	[asɟé!]
De nada	Asgjë	[asɟé]
¡Disculpa!	Më fal!	[mə fal!]

| ¡Disculpe! | Më falni! | [mə fálni!] |
| disculpar (vt) | fal | [fal] |

disculparse (vr)	kërkoj falje	[kərkój fáljɛ]
Mis disculpas	Kërkoj ndjesë	[kərkój ndjésə]
¡Perdóneme!	Më vjen keq!	[mə vjɛn kɛc!]
perdonar (vt)	fal	[fal]
¡No pasa nada!	S'ka gjë!	[s'ka ɟə!]
por favor	të lutem	[tə lútɛm]

¡No se le olvide!	Mos harro!	[mos haró!]
¡Ciertamente!	Sigurisht!	[siguríʃt!]
¡Claro que no!	Sigurisht që jo!	[siguríʃt cə jo!]
¡De acuerdo!	Në rregull!	[nə réguɫ!]
¡Basta!	Mjafton!	[mjaftón!]

3. Las preguntas

¿Quién?	Kush?	[kuʃ?]
¿Qué?	Çka?	[tʃká?]
¿Dónde?	Ku?	[ku?]
¿Adónde?	Për ku?	[pər ku?]
¿De dónde?	Nga ku?	[ŋa ku?]
¿Cuándo?	Kur?	[kur?]
¿Para qué?	Pse?	[psɛ?]
¿Por qué?	Pse?	[psɛ?]

¿Por qué razón?	Për çfarë arsye?	[pər tʃfárə arsýɛ?]
¿Cómo?	Si?	[si?]
¿Qué ...? (~ color)	Çfarë?	[tʃfárə?]
¿Cuál?	Cili?	[tsíli?]

¿A quién?	Kujt?	[kújt?]
¿De quién? (~ hablan ...)	Për kë?	[pər kə?]
¿De qué?	Për çfarë?	[pər tʃfárə?]
¿Con quién?	Me kë?	[mɛ kə?]

| ¿Cuánto? | Sa? | [sa?] |
| ¿De quién? | Të kujt? | [tə kujt?] |

4. Las preposiciones

con ... (~ algn)	me	[mɛ]
sin ... (~ azúcar)	pa	[pa]
a ... (p.ej. voy a México)	për në	[pər nə]
de ... (hablar ~)	për	[pər]
antes de ...	përpara	[pərpára]
delante de ...	para ...	[pára ...]

debajo	**nën**	[nən]
sobre …, encima de …	**mbi**	[mbí]
en, sobre (~ la mesa)	**mbi**	[mbí]
de (origen)	**nga**	[ŋa]
de (fabricado de)	**nga**	[ŋa]

| dentro de … | **për** | [pər] |
| encima de … | **sipër** | [sípər] |

5. Las palabras útiles. Los adverbios. Unidad 1

¿Dónde?	**Ku?**	[ku?]
aquí (adv)	**këtu**	[kətú]
allí (adv)	**atje**	[atjé]

| en alguna parte | **diku** | [dikú] |
| en ninguna parte | **askund** | [askúnd] |

| junto a … | **afër** | [áfər] |
| junto a la ventana | **tek dritarja** | [tɛk dritárja] |

¿A dónde?	**Për ku?**	[pər ku?]
aquí (venga ~)	**këtu**	[kətú]
allí (vendré ~)	**atje**	[atjé]
de aquí (adv)	**nga këtu**	[ŋa kətú]
de allí (adv)	**nga atje**	[ŋa atjɛ]

| cerca (no lejos) | **pranë** | [pránə] |
| lejos (adv) | **larg** | [larg] |

cerca de …	**afër**	[áfər]
al lado (de …)	**pranë**	[pránə]
no lejos (adv)	**jo larg**	[jo lárg]

izquierdo (adj)	**majtë**	[májtə]
a la izquierda (situado ~)	**majtas**	[májtas]
a la izquierda (girar ~)	**në të majtë**	[nə tə májtə]

derecho (adj)	**djathtë**	[djáθtə]
a la derecha (situado ~)	**djathtas**	[djáθtas]
a la derecha (girar)	**në të djathtë**	[nə tə djáθtə]

delante (yo voy ~)	**përballë**	[pərbáɫə]
delantero (adj)	**i përparmë**	[i pərpármə]
adelante (movimiento)	**përpara**	[pərpára]

detrás de …	**prapa**	[prápa]
desde atrás	**nga prapa**	[ŋa prápa]
atrás (da un paso ~)	**pas**	[pas]
centro (m), medio (m)	**mes** (m)	[mɛs]

en medio (adv)	në mes	[nə mɛs]
de lado (adv)	në anë	[nə anə]
en todas partes	kudo	[kúdo]
alrededor (adv)	përreth	[pəréθ]

de dentro (adv)	nga brenda	[ŋa brénda]
a alguna parte	diku	[dikú]
todo derecho (adv)	drejt	[dréjt]
atrás (muévelo para ~)	pas	[pas]

| de alguna parte (adv) | nga kudo | [ŋa kúdo] |
| no se sabe de dónde | nga diku | [ŋa dikú] |

primero (adv)	së pari	[sə pári]
segundo (adv)	së dyti	[sə dýti]
tercero (adv)	së treti	[sə tréti]

de súbito (adv)	befas	[béfas]
al principio (adv)	në fillim	[nə fitím]
por primera vez	për herë të parë	[pər hérə tə párə]
mucho tiempo antes ...	shumë përpara ...	[ʃúmə pərpára ...]
de nuevo (adv)	sërish	[səríʃ]
para siempre (adv)	një herë e mirë	[ɲə hérə ɛ mírə]

jamás, nunca (adv)	kurrë	[kúrə]
de nuevo (adv)	përsëri	[pərsərí]
ahora (adv)	tani	[táni]
frecuentemente (adv)	shpesh	[ʃpɛʃ]
entonces (adv)	atëherë	[atəhérə]
urgentemente (adv)	urgjent	[urɟént]
usualmente (adv)	zakonisht	[zakoníʃt]

a propósito, ...	meqë ra fjala, ...	[mécə ra fjála, ...]
es probable	ndoshta	[ndóʃta]
probablemente (adv)	mundësisht	[mundəsíʃt]
tal vez	mbase	[mbásɛ]
además ...	përveç	[pərvétʃ]
por eso ...	ja përse ...	[ja pərsé ...]
a pesar de ...	pavarësisht se ...	[pavarəsíʃt sɛ ...]
gracias a ...	falë ...	[fálə ...]

qué (pron)	çfarë	[tʃfárə]
que (conj)	që	[cə]
algo (~ le ha pasado)	diçka	[ditʃká]
algo (~ así)	ndonji gjë	[ndoɲí ɟə]
nada (f)	asgjë	[asɟə́]

quien	kush	[kuʃ]
alguien (viene ~)	dikush	[dikúʃ]
alguien (¿ha llamado ~?)	dikush	[dikúʃ]
nadie	askush	[askúʃ]
a ninguna parte	askund	[askúnd]

| de nadie | i askujt | [i askújt] |
| de alguien | i dikujt | [i dikújt] |

tan, tanto (adv)	aq	[ác]
también (~ habla francés)	gjithashtu	[ɟiθaʃtú]
también (p.ej. Yo ~)	gjithashtu	[ɟiθaʃtú]

6. Las palabras útiles. Los adverbios. Unidad 2

¿Por qué?	Pse?	[psɛ?]
no se sabe porqué	për një arsye	[pər ɲə arsýɛ]
porque ...	sepse ...	[sɛpsé ...]
por cualquier razón (adv)	për ndonjë shkak	[pər ndóɲə ʃkak]

y (p.ej. uno y medio)	dhe	[ðɛ]
o (p.ej. té o café)	ose	[ósɛ]
pero (p.ej. me gusta, ~)	por	[por]
para (p.ej. es para ti)	për	[pər]

demasiado (adv)	tepër	[tépər]
sólo, solamente (adv)	vetëm	[vétəm]
exactamente (adv)	pikërisht	[pikəríʃt]
unos ...,	rreth	[rɛθ]
cerca de ... (~ 10 kg)		

aproximadamente	përafërsisht	[pərafərsíʃt]
aproximado (adj)	përafërt	[pəráfərt]
casi (adv)	pothuajse	[poθúajsɛ]
resto (m)	mbetje (f)	[mbétjɛ]

el otro (adj)	tjetri	[tjétri]
otro (p.ej. el otro día)	tjetër	[tjétər]
cada (adj)	çdo	[tʃdo]
cualquier (adj)	çfarëdo	[tʃfarədó]
mucho (innum.)	shumë	[ʃúmə]
mucho (num.)	disa	[disá]
muchos (mucha gente)	shumë njerëz	[ʃúmə ɲérəz]
todos	të gjithë	[tə ɟíθə]

a cambio de ...	në vend të ...	[nə vénd tə ...]
en cambio (adv)	në shkëmbim të ...	[nə ʃkəmbím tə ...]
a mano (hecho ~)	me dorë	[mɛ dórə]
poco probable	vështirë se ...	[vəʃtírə sɛ ...]

probablemente	mundësisht	[mundəsíʃt]
a propósito (adv)	me qëllim	[mɛ cəɬím]
por accidente (adv)	aksidentalisht	[aksidɛntalíʃt]

| muy (adv) | shumë | [ʃúmə] |
| por ejemplo (adv) | për shembull | [pər ʃémbuɬ] |

entre (~ nosotros)	**midis**	[midís]
entre (~ otras cosas)	**rreth**	[rɛθ]
tanto (~ gente)	**kaq shumë**	[kác ʃúmə]
especialmente (adv)	**veçanërisht**	[vɛtʃanəríʃt]

NÚMEROS. MISCELÁNEA

T&P Books Publishing

7. Números cardinales. Unidad 1

cero	zero	[zéro]
uno	një	[ɲə]
dos	dy	[dy]
tres	tre	[trɛ]
cuatro	katër	[kátər]

cinco	pesë	[pésə]
seis	gjashtë	[ɟáʃtə]
siete	shtatë	[ʃtátə]
ocho	tetë	[tétə]
nueve	nëntë	[nəntə]

diez	dhjetë	[ðjétə]
once	njëmbëdhjetë	[ɲəmbəðjétə]
doce	dymbëdhjetë	[dymbəðjétə]
trece	trembëdhjetë	[trɛmbəðjétə]
catorce	katërmbëdhjetë	[katərmbəðjétə]

quince	pesëmbëdhjetë	[pɛsəmbəðjétə]
dieciséis	gjashtëmbëdhjetë	[ɟaʃtəmbəðjétə]
diecisiete	shtatëmbëdhjetë	[ʃtatəmbəðjétə]
dieciocho	tetëmbëdhjetë	[tɛtəmbəðjétə]
diecinueve	nëntëmbëdhjetë	[nəntəmbəðjétə]

veinte	njëzet	[ɲəzét]
veintiuno	njëzet e një	[ɲəzét ɛ ɲə]
veintidós	njëzet e dy	[ɲəzét ɛ dy]
veintitrés	njëzet e tre	[ɲəzét ɛ trɛ]

treinta	tridhjetë	[triðjétə]
treinta y uno	tridhjetë e një	[triðjétə ɛ ɲə]
treinta y dos	tridhjetë e dy	[triðjétə ɛ dy]
treinta y tres	tridhjetë e tre	[triðjétə ɛ trɛ]

cuarenta	dyzet	[dyzét]
cuarenta y uno	dyzet e një	[dyzét ɛ ɲə]
cuarenta y dos	dyzet e dy	[dyzét ɛ dy]
cuarenta y tres	dyzet e tre	[dyzét ɛ trɛ]

cincuenta	pesëdhjetë	[pɛsəðjétə]
cincuenta y uno	pesëdhjetë e një	[pɛsəðjétə ɛ ɲə]
cincuenta y dos	pesëdhjetë e dy	[pɛsəðjétə ɛ dy]
cincuenta y tres	pesëdhjetë e tre	[pɛsəðjétə ɛ trɛ]
sesenta	gjashtëdhjetë	[ɟaʃtəðjétə]

sesenta y uno	gjashtëdhjetë e një	[ɟaʃtəðjétə ɛ ɲə]
sesenta y dos	gjashtëdhjetë e dy	[ɟaʃtəðjétə ɛ dý]
sesenta y tres	gjashtëdhjetë e tre	[ɟaʃtəðjétə ɛ tré]

setenta	shtatëdhjetë	[ʃtatəðjétə]
setenta y uno	shtatëdhjetë e një	[ʃtatəðjétə ɛ ɲə]
setenta y dos	shtatëdhjetë e dy	[ʃtatəðjétə ɛ dy]
setenta y tres	shtatëdhjetë e tre	[ʃtatəðjétə ɛ trɛ]

ochenta	tetëdhjetë	[tɛtəðjétə]
ochenta y uno	tetëdhjetë e një	[tɛtəðjétə ɛ ɲə]
ochenta y dos	tetëdhjetë e dy	[tɛtəðjétə ɛ dy]
ochenta y tres	tetëdhjetë e tre	[tɛtəðjétə ɛ trɛ]

noventa	nëntëdhjetë	[nəntəðjétə]
noventa y uno	nëntëdhjetë e një	[nəntəðjétə ɛ ɲə]
noventa y dos	nëntëdhjetë e dy	[nəntəðjétə ɛ dy]
noventa y tres	nëntëdhjetë e tre	[nəntəðjétə ɛ trɛ]

8. Números cardinales. Unidad 2

cien	njëqind	[ɲəcínd]
doscientos	dyqind	[dycínd]
trescientos	treqind	[trɛcínd]
cuatrocientos	katërqind	[katərcínd]
quinientos	pesëqind	[pɛsəcínd]

seiscientos	gjashtëqind	[ɟaʃtəcínd]
setecientos	shtatëqind	[ʃtatəcínd]
ochocientos	tetëqind	[tɛtəcínd]
novecientos	nëntëqind	[nəntəcínd]

mil	një mijë	[ɲə míjə]
dos mil	dy mijë	[dy míjə]
tres mil	tre mijë	[trɛ míjə]
diez mil	dhjetë mijë	[ðjétə míjə]
cien mil	njëqind mijë	[ɲəcínd míjə]
millón (m)	milion (m)	[milión]
mil millones	miliardë (f)	[miliárdə]

9. Números ordinales

primero (adj)	i pari	[i pári]
segundo (adj)	i dyti	[i dýti]
tercero (adj)	i treti	[i tréti]
cuarto (adj)	i katërti	[i kátərti]
quinto (adj)	i pesti	[i pésti]
sexto (adj)	i gjashti	[i ɟáʃti]

séptimo (adj)	**i shtati**	[i ʃtáti]
octavo (adj)	**i teti**	[i téti]
noveno (adj)	**i nënti**	[i nə́nti]
décimo (adj)	**i dhjeti**	[i ðjéti]

T&p BOOKS

LOS COLORES.
LAS UNIDADES DE MEDIDA

T&P Books Publishing

10. Los colores

color (m)	ngjyrë (f)	[nɟýrə]
matiz (m)	nuancë (f)	[nuántsə]
tono (m)	tonalitet (m)	[tonalitét]
arco (m) iris	ylber (m)	[ylbér]

blanco (adj)	e bardhë	[ɛ bárðə]
negro (adj)	e zezë	[ɛ zézə]
gris (adj)	gri	[gri]

verde (adj)	jeshile	[jɛʃílɛ]
amarillo (adj)	e verdhë	[ɛ vérðə]
rojo (adj)	e kuqe	[ɛ kúcɛ]
azul (adj)	blu	[blu]
azul claro (adj)	bojëqielli	[bojəciéti]
rosa (adj)	rozë	[rózə]
naranja (adj)	portokalli	[portokáti]
violeta (adj)	bojëvjollcë	[bojəvjóɫtsə]
marrón (adj)	kafe	[káfɛ]

dorado (adj)	e artë	[ɛ ártə]
argentado (adj)	e argjendtë	[ɛ arɟéndtə]
beige (adj)	bezhë	[béʒə]
crema (adj)	krem	[krɛm]
turquesa (adj)	e bruztë	[ɛ brúztə]
rojo cereza (adj)	qershi	[cɛrʃí]
lila (adj)	jargavan	[jargaván]
carmesí (adj)	e kuqe e thellë	[ɛ kúcɛ ɛ θéɫə]

claro (adj)	e hapur	[ɛ hápuɾ]
oscuro (adj)	e errët	[ɛ érət]
vivo (adj)	e ndritshme	[ɛ ndrítʃmɛ]

de color (lápiz ~)	e ngjyrosur	[ɛ nɟyrósuɾ]
en colores (película ~)	ngjyrë	[nɟýrə]
blanco y negro (adj)	bardhë e zi	[bárðə ɛ zi]
unicolor (adj)	njëngjyrëshe	[nənɟýrəʃɛ]
multicolor (adj)	shumëngjyrëshe	[ʃumənɟýrəʃɛ]

11. Las unidades de medida

| peso (m) | peshë (f) | [péʃə] |
| longitud (f) | gjatësi (f) | [ɟatəsí] |

anchura (f)	gjerësi (f)	[ɟɛrəsí]
altura (f)	lartësi (f)	[lartəsí]
profundidad (f)	thellësi (f)	[θɛɬəsí]
volumen (m)	vëllim (m)	[vəɬím]
área (f)	sipërfaqe (f)	[sipərfácɛ]

gramo (m)	gram (m)	[gram]
miligramo (m)	miligram (m)	[miligrám]
kilogramo (m)	kilogram (m)	[kilográm]
tonelada (f)	ton (m)	[ton]
libra (f)	paund (m)	[páund]
onza (f)	ons (m)	[ons]

metro (m)	metër (m)	[métər]
milímetro (m)	milimetër (m)	[milimétər]
centímetro (m)	centimetër (m)	[tsɛntimétər]
kilómetro (m)	kilometër (m)	[kilométər]
milla (f)	milje (f)	[míljɛ]

pulgada (f)	inç (m)	[intʃ]
pie (m)	këmbë (f)	[kə́mbə]
yarda (f)	jard (m)	[járd]

metro (m) cuadrado	metër katror (m)	[métər katrór]
hectárea (f)	hektar (m)	[hɛktár]
litro (m)	litër (m)	[lítər]
grado (m)	gradë (f)	[grádə]
voltio (m)	volt (m)	[volt]
amperio (m)	amper (m)	[ampér]
caballo (m) de fuerza	kuaj-fuqi (f)	[kúaj-fucí]

cantidad (f)	sasi (f)	[sasí]
un poco de …	pak …	[pak …]
mitad (f)	gjysmë (f)	[ɟýsmə]
docena (f)	dyzinë (f)	[dyzínə]
pieza (f)	copë (f)	[tsópə]

dimensión (f)	madhësi (f)	[maðəsí]
escala (f) (del mapa)	shkallë (f)	[ʃkáɬə]

mínimo (adj)	minimale	[minimálɛ]
el más pequeño (adj)	më i vogli	[mə i vógli]
medio (adj)	i mesëm	[i mésəm]
máximo (adj)	maksimale	[maksimálɛ]
el más grande (adj)	më i madhi	[mə i máði]

12. Contenedores

tarro (m) de vidrio	kavanoz (m)	[kavanóz]
lata (f)	kanoçe (f)	[kanótʃɛ]

cubo (m)	**kovë** (f)	[kóvə]
barril (m)	**fuçi** (f)	[futʃí]
palangana (f)	**legen** (m)	[lɛgén]
tanque (m)	**tank** (m)	[tank]
petaca (f) (de alcohol)	**faqore** (f)	[facórɛ]
bidón (m) de gasolina	**bidon** (m)	[bidón]
cisterna (f)	**cisternë** (f)	[tsistérnə]
taza (f) (mug de cerámica)	**tas** (m)	[tas]
taza (f) (~ de café)	**filxhan** (m)	[fildʒán]
platillo (m)	**pjatë filxhani** (f)	[pjátə fildʒáni]
vaso (m) (~ de agua)	**gotë** (f)	[gótə]
copa (f) (~ de vino)	**gotë vere** (f)	[gótə vérɛ]
olla (f)	**tenxhere** (f)	[tɛndʒérɛ]
botella (f)	**shishe** (f)	[ʃíʃɛ]
cuello (m) de botella	**grykë**	[grýkə]
garrafa (f)	**brokë** (f)	[brókə]
jarro (m) (~ de agua)	**shtambë** (f)	[ʃtámbə]
recipiente (m)	**enë** (f)	[énə]
tarro (m)	**enë** (f)	[énə]
florero (m)	**vazo** (f)	[vázo]
frasco (m) (~ de perfume)	**shishe** (f)	[ʃíʃɛ]
frasquito (m)	**shishkë** (f)	[ʃíʃkə]
tubo (m)	**tubet** (f)	[tubét]
saco (m) (~ de azúcar)	**thes** (m)	[θɛs]
bolsa (f) (~ plástica)	**qese** (f)	[césɛ]
paquete (m) (~ de cigarrillos)	**paketë** (f)	[pakétə]
caja (f)	**kuti** (f)	[kutí]
cajón (m) (~ de madera)	**arkë** (f)	[árkə]
cesta (f)	**shportë** (f)	[ʃpórtə]

T&P BOOKS

LOS VERBOS MÁS IMPORTANTES

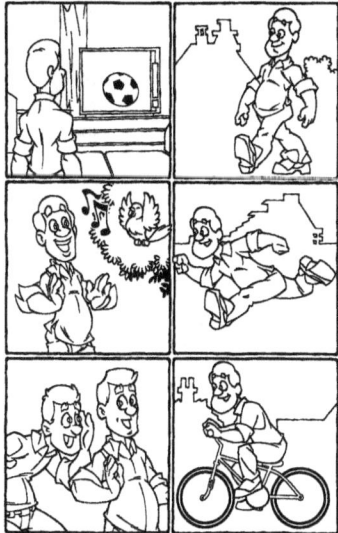

T&P Books Publishing

abrir (vt)	hap	[hap]
acabar, terminar (vt)	përfundoj	[pərfundój]
aconsejar (vt)	këshilloj	[kəʃiłój]
adivinar (vt)	hamendësoj	[hamɛndəsój]
advertir (vt)	paralajmëroj	[paralajmərój]
alabarse, jactarse (vr)	mburrem	[mbúrɛm]
almorzar (vi)	ha drekë	[ha drékə]
alquilar (~ una casa)	marr me qira	[mar mɛ cirá]
amenazar (vt)	kërcënoj	[kərtsənój]
arrepentirse (vr)	pendohem	[pɛndóhɛm]
ayudar (vt)	ndihmoj	[ndihmój]
bañarse (vr)	notoj	[notój]
bromear (vi)	bëj shaka	[bəj ʃaká]
buscar (vt)	kërkoj …	[kərkój …]
caer (vi)	bie	[bíɛ]
callarse (vr)	hesht	[hɛʃt]
cambiar (vt)	ndryshoj	[ndryʃój]
castigar, punir (vt)	ndëshkoj	[ndəʃkój]
cavar (vt)	gërmoj	[gərmój]
cazar (vi, vt)	dal për gjah	[dál pər ɟáh]
cenar (vi)	ha darkë	[ha dárkə]
cesar (vt)	ndaloj	[ndalój]
coger (vt)	kap	[kap]
comenzar (vt)	filloj	[fiłój]
comparar (vt)	krahasoj	[krahasój]
comprender (vt)	kuptoj	[kuptój]
confiar (vt)	besoj	[bɛsój]
confundir (vt)	ngatërroj	[ŋatərój]
conocer (~ a alguien)	njoh	[ɲóh]
contar (vt) (enumerar)	numëroj	[numərój]
contar con …	mbështetem …	[mbəʃtétɛm …]
continuar (vt)	vazhdoj	[vaʒdój]
controlar (vt)	kontrolloj	[kontrołój]
correr (vi)	vrapoj	[vrapój]
costar (vt)	kushton	[kuʃtón]
crear (vt)	krijoj	[krijój]

14. Los verbos más importantes. Unidad 2

dar (vt)	jap	[jap]
dar una pista	aludoj	[aludój]
decir (vt)	them	[θɛm]
decorar (para la fiesta)	zbukuroj	[zbukurój]
defender (vt)	mbroj	[mbrój]
dejar caer	lëshoj	[ləʃój]
desayunar (vi)	ha mëngjes	[ha mənɟés]
descender (vi)	zbres	[zbrɛs]
dirigir (administrar)	drejtoj	[drɛjtój]
disculpar (vt)	fal	[fal]
disculparse (vr)	kërkoj falje	[kərkój fáljɛ]
discutir (vt)	diskutoj	[diskutój]
dudar (vt)	dyshoj	[dyʃój]
encontrar (hallar)	gjej	[ɟéj]
engañar (vi, vt)	mashtroj	[maʃtrój]
entrar (vi)	hyj	[hyj]
enviar (vt)	dërgoj	[dərgój]
equivocarse (vr)	gaboj	[gabój]
escoger (vt)	zgjedh	[zɟɛð]
esconder (vt)	fsheh	[fʃéh]
escribir (vt)	shkruaj	[ʃkrúaj]
esperar (aguardar)	pres	[prɛs]
esperar (tener esperanza)	shpresoj	[ʃprɛsój]
estar de acuerdo	bie dakord	[bíɛ dakórd]
estudiar (vt)	studioj	[studiój]
exigir (vt)	kërkoj	[kərkój]
existir (vi)	ekzistoj	[ɛkzistój]
explicar (vt)	shpjegoj	[ʃpjɛgój]
faltar (a las clases)	humbas	[ɦumbás]
firmar (~ el contrato)	nënshkruaj	[nənʃkrúaj]
girar (~ a la izquierda)	kthej	[kθɛj]
gritar (vi)	bërtas	[bərtás]
guardar (conservar)	mbaj	[mbáj]
gustar (vi)	pëlqej	[pəlcéj]
hablar (vi, vt)	flas	[flas]
hacer (vt)	bëj	[bəj]
informar (vt)	informoj	[informój]
insistir (vi)	këmbëngul	[kəmbəŋúl]
insultar (vt)	fyej	[fýɛj]
interesarse (vr)	interesohem ...	[intɛrɛsóhɛm ...]
invitar (vt)	ftoj	[ftoj]

| ir (a pie) | ec në këmbë | [ɛts nə kémbə] |
| jugar (divertirse) | luaj | [lúaj] |

15. Los verbos más importantes. Unidad 3

leer (vi, vt)	lexoj	[lɛdzój]
liberar (ciudad, etc.)	çliroj	[tʃlirój]
llamar (por ayuda)	thërras	[θərás]
llegar (vi)	arrij	[aríj]
llorar (vi)	qaj	[caj]

matar (vt)	vras	[vras]
mencionar (vt)	përmend	[pərménd]
mostrar (vt)	tregoj	[trɛgój]
nadar (vi)	notoj	[notój]

negarse (vr)	refuzoj	[rɛfuzój]
objetar (vt)	kundërshtoj	[kundərʃtój]
observar (vt)	vëzhgoj	[vəʒgój]
oír (vt)	dëgjoj	[dəɟój]

olvidar (vt)	harroj	[harój]
orar (vi)	lutem	[lútɛm]
ordenar (mil.)	urdhëroj	[urðərój]
pagar (vi, vt)	paguaj	[pagúaj]
pararse (vr)	ndaloj	[ndalój]

participar (vi)	marr pjesë	[mar pjésə]
pedir (ayuda, etc.)	pyes	[pýɛs]
pedir (en restaurante)	porosis	[porosís]
pensar (vi, vt)	mendoj	[mɛndój]

percibir (ver)	vërej	[vəréj]
perdonar (vt)	fal	[fal]
permitir (vt)	lejoj	[lɛjój]
pertenecer a ...	përkas ...	[pərkás ...]

planear (vt)	planifikoj	[planifikój]
poder (v aux)	mund	[mund]
poseer (vt)	zotëroj	[zotərój]
preferir (vt)	preferoj	[prɛfɛrój]
preguntar (vt)	pyes	[pýɛs]

preparar (la cena)	gatuaj	[gatúaj]
prever (vt)	parashikoj	[paraʃikój]
probar, tentar (vt)	përpiqem	[pərpícɛm]
prometer (vt)	premtoj	[prɛmtój]
pronunciar (vt)	shqiptoj	[ʃciptój]
proponer (vt)	propozoj	[propozój]
quebrar (vt)	ndahem	[ndáhɛm]

quejarse (vr)	ankohem	[ankóhɛm]
querer (amar)	dashuroj	[daʃurój]
querer (desear)	dëshiroj	[dǝʃirój]

16. Los verbos más importantes. Unidad 4

recomendar (vt)	rekomandoj	[rɛkomandój]
regañar, reprender (vt)	qortoj	[cortój]
reírse (vr)	qesh	[cɛʃ]
repetir (vt)	përsëris	[pǝrsǝrís]
reservar (~ una mesa)	rezervoj	[rɛzɛrvój]
responder (vi, vt)	përgjigjem	[pǝrɉíɟɛm]

robar (vt)	vjedh	[vjɛð]
saber (~ algo mas)	di	[di]
salir (vi)	dal	[dal]
salvar (vt)	shpëtoj	[ʃpǝtój]
seguir ...	ndjek ...	[ndjék ...]
sentarse (vr)	ulem	[úlɛm]

ser necesario	nevojitet	[nɛvojítɛt]
ser, estar (vi)	jam	[jam]
significar (vt)	nënkuptoj	[nǝnkuptój]
sonreír (vi)	buzëqesh	[buzǝcéʃ]
sorprenderse (vr)	çuditem	[tʃudítɛm]

subestimar (vt)	nënvlerësoj	[nǝnvlɛrǝsój]
tener (vt)	kam	[kam]
tener hambre	kam uri	[kam urí]
tener miedo	kam frikë	[kam fríkǝ]

tener prisa	nxitoj	[ndzitój]
tener sed	kam etje	[kam étjɛ]
tirar, disparar (vi)	qëlloj	[cǝɫój]
tocar (con las manos)	prek	[prɛk]
tomar (vt)	marr	[marr]
tomar nota	mbaj shënim	[mbáj ʃǝním]

trabajar (vi)	punoj	[punój]
traducir (vt)	përkthej	[pǝrkθéj]
unir (vt)	bashkoj	[baʃkój]
vender (vt)	shes	[ʃɛs]
ver (vt)	shikoj	[ʃikój]
volar (pájaro, avión)	fluturoj	[fluturój]

LA HORA. EL CALENDARIO

T&P Books Publishing

lunes (m)	**E hënë** (f)	[ɛ hénə]
martes (m)	**E martë** (f)	[ɛ mártə]
miércoles (m)	**E mërkurë** (f)	[ɛ mərkúrə]
jueves (m)	**E enjte** (f)	[ɛ éɲtɛ]
viernes (m)	**E premte** (f)	[ɛ prémtɛ]
sábado (m)	**E shtunë** (f)	[ɛ ʃtúnə]
domingo (m)	**E dielë** (f)	[ɛ díɛlə]
hoy (adv)	**sot**	[sot]
mañana (adv)	**nesër**	[nésər]
pasado mañana	**pasnesër**	[pasnésər]
ayer (adv)	**dje**	[djé]
anteayer (adv)	**pardje**	[pardjé]
día (m)	**ditë** (f)	[dítə]
día (m) de trabajo	**ditë pune** (f)	[dítə púnɛ]
día (m) de fiesta	**festë kombëtare** (f)	[féstə kombətárɛ]
día (m) de descanso	**ditë pushim** (m)	[dítə puʃím]
fin (m) de semana	**fundjavë** (f)	[fundjávə]
todo el día	**gjithë ditën**	[ɟíθə dítən]
al día siguiente	**ditën pasardhëse**	[dítən pasárðəsɛ]
dos días atrás	**dy ditë më parë**	[dy dítə mə párə]
en vísperas (adv)	**një ditë më parë**	[ɲə dítə mə párə]
diario (adj)	**ditor**	[ditór]
cada día (adv)	**çdo ditë**	[tʃdo dítə]
semana (f)	**javë** (f)	[jávə]
semana (f) pasada	**javën e kaluar**	[jávɛn ɛ kalúar]
semana (f) que viene	**javën e ardhshme**	[jávɛn ɛ árðʃmɛ]
semanal (adj)	**javor**	[javór]
cada semana (adv)	**çdo javë**	[tʃdo jávə]
2 veces por semana	**dy herë në javë**	[dy hérə nə jávə]
todos los martes	**çdo të martë**	[tʃdo tə mártə]

mañana (f)	**mëngjes** (m)	[mənɟés]
por la mañana	**në mëngjes**	[nə mənɟés]
mediodía (m)	**mesditë** (f)	[mɛsdítə]
por la tarde	**pasdite**	[pasdítɛ]
noche (f)	**mbrëmje** (f)	[mbrə́mjɛ]

por la noche	në mbrëmje	[nə mbrémjɛ]
noche (f) (p.ej. 2:00 a.m.)	natë (f)	[nátə]
por la noche	natën	[nátən]
medianoche (f)	mesnatë (f)	[mɛsnátə]

segundo (m)	sekondë (f)	[sɛkóndə]
minuto (m)	minutë (f)	[minútə]
hora (f)	orë (f)	[órə]
media hora (f)	gjysmë ore (f)	[ʝýsmə órɛ]
cuarto (m) de hora	çerek ore (m)	[tʃɛrék órɛ]
quince minutos	pesëmbëdhjetë minuta	[pɛsəmbəðjétə minúta]
veinticuatro horas	24 orë	[ɲəzét ɛ kátər órə]

salida (f) del sol	agim (m)	[agím]
amanecer (m)	agim (m)	[agím]
madrugada (f)	mëngjes herët (m)	[mənɟés hérət]
puesta (f) del sol	perëndim dielli (m)	[pɛrəndím diéti]

de madrugada	herët në mëngjes	[hérət nə mənɟés]
esta mañana	sot në mëngjes	[sot nə mənɟés]
mañana por la mañana	nesër në mëngjes	[nésər nə mənɟés]

esta tarde	sot pasdite	[sot pasdítɛ]
por la tarde	pasdite	[pasdítɛ]
mañana por la tarde	nesër pasdite	[nésər pasdítɛ]

| esta noche (p.ej. 8:00 p.m.) | sonte në mbrëmje | [sóntɛ nə mbrəmjɛ] |
| mañana por la noche | nesër në mbrëmje | [nésər nə mbrémjɛ] |

a las tres en punto	në orën 3 fiks	[nə órən trɛ fiks]
a eso de las cuatro	rreth orës 4	[rɛθ órəs kátər]
para las doce	deri në orën 12	[déri nə órən dymbəðjétə]

dentro de veinte minutos	për 20 minuta	[pər ɲəzét minúta]
dentro de una hora	për një orë	[pər ɲə órə]
a tiempo (adv)	në orar	[nə orár]

... menos cuarto	çerek ...	[tʃɛrék ...]
durante una hora	brenda një ore	[brénda ɲə órɛ]
cada quince minutos	çdo 15 minuta	[tʃdo pɛsəmbəðjétə minúta]
día y noche	gjithë ditën	[ʝíθə dítən]

19. Los meses. Las estaciones

enero (m)	Janar (m)	[janár]
febrero (m)	Shkurt (m)	[ʃkurt]
marzo (m)	Mars (m)	[mars]
abril (m)	Prill (m)	[pritɬ]
mayo (m)	Maj (m)	[maj]

junio (m)	**Qershor** (m)	[cɛrʃór]
julio (m)	**Korrik** (m)	[korík]
agosto (m)	**Gusht** (m)	[guʃt]
septiembre (m)	**Shtator** (m)	[ʃtatór]
octubre (m)	**Tetor** (m)	[tɛtór]
noviembre (m)	**Nëntor** (m)	[nəntór]
diciembre (m)	**Dhjetor** (m)	[ðjɛtór]
primavera (f)	**pranverë** (f)	[pranvérə]
en primavera	**në pranverë**	[nə pranvérə]
de primavera (adj)	**pranveror**	[pranvɛrór]
verano (m)	**verë** (f)	[vérə]
en verano	**në verë**	[nə vérə]
de verano (adj)	**veror**	[vɛrór]
otoño (m)	**vjeshtë** (f)	[vjéʃtə]
en otoño	**në vjeshtë**	[nə vjéʃtə]
de otoño (adj)	**vjeshtor**	[vjéʃtor]
invierno (m)	**dimër** (m)	[dímər]
en invierno	**në dimër**	[nə dímər]
de invierno (adj)	**dimëror**	[dimərór]
mes (m)	**muaj** (m)	[múaj]
este mes	**këtë muaj**	[kətə múaj]
al mes siguiente	**muajin tjetër**	[múajin tjétər]
el mes pasado	**muajin e kaluar**	[múajin ɛ kalúar]
hace un mes	**para një muaji**	[pára ɲə múaji]
dentro de un mes	**pas një muaji**	[pas ɲə múaji]
dentro de dos meses	**pas dy muajsh**	[pas dy múajʃ]
todo el mes	**gjithë muajin**	[ɟíθə múajin]
todo un mes	**gjatë gjithë muajit**	[ɟátə ɟíθə múajit]
mensual (adj)	**mujor**	[mujór]
mensualmente (adv)	**mujor**	[mujór]
cada mes	**çdo muaj**	[tʃdo múaj]
dos veces por mes	**dy herë në muaj**	[dy hérə nə múaj]
año (m)	**vit** (m)	[vit]
este año	**këtë vit**	[kətə vít]
el próximo año	**vitin tjetër**	[vítin tjétər]
el año pasado	**vitin e kaluar**	[vítin ɛ kalúar]
hace un año	**para një viti**	[pára ɲə víti]
dentro de un año	**për një vit**	[pər ɲə vit]
dentro de dos años	**për dy vite**	[pər dy vítɛ]
todo el año	**gjithë vitin**	[ɟíθə vítin]
todo un año	**gjatë gjithë vitit**	[ɟátə ɟíθə vítit]
cada año	**çdo vit**	[tʃdo vít]
anual (adj)	**vjetor**	[vjɛtór]

| anualmente (adv) | çdo vit | [tʃdo vít] |
| cuatro veces por año | 4 herë në vit | [kátər hérə nə vit] |

fecha (f) (la ~ de hoy es …)	datë (f)	[dátə]
fecha (f) (~ de entrega)	data (f)	[dáta]
calendario (m)	kalendar (m)	[kalɛndár]

medio año (m)	gjysmë viti	[ɟýsmə víti]
seis meses	gjashtë muaj	[ɟáʃtə múaj]
estación (f)	stinë (f)	[stínə]
siglo (m)	shekull (m)	[ʃékuɫ]

T&P BOOKS

EL VIAJE. EL HOTEL

T&P Books Publishing

turismo (m)	**turizëm** (m)	[turízəm]
turista (m)	**turist** (m)	[turíst]
viaje (m)	**udhëtim** (m)	[uðətím]
aventura (f)	**aventurë** (f)	[avɛntúrə]
viaje (m) (p.ej. ~ en coche)	**udhëtim** (m)	[uðətím]
vacaciones (f pl)	**pushim** (m)	[puʃím]
estar de vacaciones	**jam me pushime**	[jam mɛ puʃímɛ]
descanso (m)	**pushim** (m)	[puʃím]
tren (m)	**tren** (m)	[trɛn]
en tren	**me tren**	[mɛ trén]
avión (m)	**avion** (m)	[avión]
en avión	**me avion**	[mɛ avión]
en coche	**me makinë**	[mɛ makínə]
en barco	**me anije**	[mɛ aníjɛ]
equipaje (m)	**bagazh** (m)	[bagáʒ]
maleta (f)	**valixhe** (f)	[valídʒɛ]
carrito (m) de equipaje	**karrocë bagazhesh** (f)	[karótsə bagáʒɛʃ]
pasaporte (m)	**pasaportë** (f)	[pasapórtə]
visado (m)	**vizë** (f)	[vízə]
billete (m)	**biletë** (f)	[bilétə]
billete (m) de avión	**biletë avioni** (f)	[bilétə avióni]
guía (f) (libro)	**guidë turistike** (f)	[guídə turistíkɛ]
mapa (m)	**hartë** (f)	[hártə]
área (f) (~ rural)	**zonë** (f)	[zónə]
lugar (m)	**vend** (m)	[vɛnd]
exotismo (m)	**ekzotikë** (f)	[ɛkzotíkə]
exótico (adj)	**ekzotik**	[ɛkzotík]
asombroso (adj)	**mahnitëse**	[mahnítəsɛ]
grupo (m)	**grup** (m)	[grup]
excursión (f)	**ekskursion** (m)	[ɛkskursión]
guía (m) (persona)	**udhërrëfyes** (m)	[uðərəfýɛs]

hotel (m), motel (m)	**hotel** (m)	[hotél]
motel (m)	**motel** (m)	[motél]

de tres estrellas	me tre yje	[mɛ trɛ ýjɛ]
de cinco estrellas	me pesë yje	[mɛ pésǝ ýjɛ]
hospedarse (vr)	qëndroj	[cǝndrój]

habitación (f)	dhomë (f)	[ðómǝ]
habitación (f) individual	dhomë teke (f)	[ðómǝ tékɛ]
habitación (f) doble	dhomë dyshe (f)	[ðómǝ dýʃɛ]
reservar una habitación	rezervoj një dhomë	[rɛzɛrvój ɲǝ ðómǝ]

| media pensión (f) | gjysmë-pension (m) | [ɟýsmǝ-pɛnsión] |
| pensión (f) completa | pension i plotë (m) | [pɛnsión i plótǝ] |

con baño	me banjo	[mɛ báɲo]
con ducha	me dush	[mɛ dúʃ]
televisión (f) satélite	televizor satelitor (m)	[tɛlɛvizór satɛlitór]
climatizador (m)	kondicioner (m)	[konditsionér]
toalla (f)	peshqir (m)	[pɛʃcír]
llave (f)	çelës (m)	[tʃélǝs]

administrador (m)	administrator (m)	[administratór]
camarera (f)	pastruese (f)	[pastrúɛsɛ]
maletero (m)	portier (m)	[portiér]
portero (m)	portier (m)	[portiér]

restaurante (m)	restorant (m)	[rɛstoránt]
bar (m)	pab (m), pijetore (f)	[pab], [pijɛtórɛ]
desayuno (m)	mëngjes (m)	[mǝnɟés]
cena (f)	darkë (f)	[dárkǝ]
buffet (m) libre	bufe (f)	[bufé]

| vestíbulo (m) | holl (m) | [hoł] |
| ascensor (m) | ashensor (m) | [aʃɛnsór] |

| NO MOLESTAR | MOS SHQETËSONI | [mos ʃcɛtǝsóni] |
| PROHIBIDO FUMAR | NDALOHET DUHANI | [ndalóhɛt duháni] |

22. El turismo. La excursión

monumento (m)	monument (m)	[monumént]
fortaleza (f)	kala (f)	[kalá]
palacio (m)	pallat (m)	[pałát]
castillo (m)	kështjellë (f)	[kǝʃtjétǝ]
torre (f)	kullë (f)	[kútǝ]
mausoleo (m)	mauzoleum (m)	[mauzolɛúm]

arquitectura (f)	arkitekturë (f)	[arkitɛktúrǝ]
medieval (adj)	mesjetare	[mɛsjɛtárɛ]
antiguo (adj)	e lashtë	[ɛ láʃtǝ]
nacional (adj)	kombëtare	[kombǝtárɛ]
conocido (adj)	i famshëm	[i fámʃǝm]

turista (m)	**turist** (m)	[turíst]
guía (m) (persona)	**udhërrëfyes** (m)	[uðərəfýɛs]
excursión (f)	**ekskursion** (m)	[ɛkskursión]
mostrar (vt)	**tregoj**	[trɛgój]
contar (una historia)	**dëftoj**	[dəftój]
encontrar (hallar)	**gjej**	[ɟéj]
perderse (vr)	**humbas**	[humbás]
plano (m) (~ de metro)	**hartë** (f)	[hártə]
mapa (m) (~ de la ciudad)	**hartë** (f)	[hártə]
recuerdo (m)	**suvenir** (m)	[suvɛnír]
tienda (f) de regalos	**dyqan dhuratash** (m)	[dycán ðurátaʃ]
hacer fotos	**bëj foto**	[bəj fóto]
fotografiarse (vr)	**bëj fotografi**	[bəj fotografí]

EL TRANSPORTE

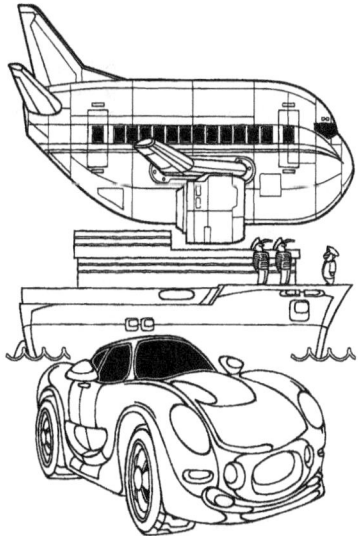

T&P Books Publishing

aeropuerto (m)	**aeroport** (m)	[aɛropórt]
avión (m)	**avion** (m)	[avión]
compañía (f) aérea	**kompani ajrore** (f)	[kompaní ajrórɛ]
controlador (m) aéreo	**kontroll i trafikut ajror** (m)	[kontróɫ i trafíkut ajrór]

despegue (m)	**nisje** (f)	[nísjɛ]
llegada (f)	**arritje** (f)	[arítjɛ]
llegar (en avión)	**arrij me avion**	[aríj mɛ avión]

hora (f) de salida	**nisja** (f)	[nísja]
hora (f) de llegada	**arritja** (f)	[arítja]

retrasarse (vr)	**vonesë**	[vonésə]
retraso (m) de vuelo	**vonesë avioni** (f)	[vonésə avióni]

pantalla (f) de información	**ekrani i informacioneve** (m)	[ɛkráni i informatsiónɛvɛ]
información (f)	**informacion** (m)	[informatsión]
anunciar (vt)	**njoftoj**	[ɲoftój]
vuelo (m)	**fluturim** (m)	[fluturím]

aduana (f)	**doganë** (f)	[dogánə]
aduanero (m)	**doganier** (m)	[doganiér]

declaración (f) de aduana	**deklarim doganor** (m)	[dɛklarím doganór]
rellenar (vt)	**plotësoj**	[plotəsój]
rellenar la declaración	**plotësoj deklaratën**	[plotəsój dɛklarátən]
control (m) de pasaportes	**kontroll pasaportash** (m)	[kontróɫ pasapórtaʃ]

equipaje (m)	**bagazh** (m)	[bagáʒ]
equipaje (m) de mano	**bagazh dore** (m)	[bagáʒ dórɛ]
carrito (m) de equipaje	**karrocë bagazhesh** (f)	[karótsə bagáʒɛʃ]

aterrizaje (m)	**aterrim** (m)	[atɛrím]
pista (f) de aterrizaje	**pistë aterrimi** (f)	[pístə atɛrími]
aterrizar (vi)	**aterroj**	[atɛrój]
escaleras (f pl) (de avión)	**shkallë avioni** (f)	[ʃkáɫə avióni]

facturación (f) (check-in)	**regjistrim** (m)	[rɛɟistrím]
mostrador (m) de facturación	**sportel regjistrimi** (m)	[sportél rɛɟistrími]
hacer el check-in	**regjistrohem**	[rɛɟistróhɛm]
tarjeta (f) de embarque	**biletë e hyrjes** (f)	[bilétə ɛ hýrjɛs]
puerta (f) de embarque	**porta e nisjes** (f)	[pórta ɛ nísjɛs]

tránsito (m)	transit (m)	[transít]
esperar (aguardar)	pres	[prɛs]
zona (f) de preembarque	salla e nisjes (f)	[sáɫa ɛ nísjɛs]
despedir (vt)	përcjell	[pərtsjéɫ]
despedirse (vr)	përshëndetem	[pərʃəndétɛm]

24. El avión

avión (m)	avion (m)	[avión]
billete (m) de avión	biletë avioni (f)	[bilétə avióni]
compañía (f) aérea	kompani ajrore (f)	[kompaní ajrórɛ]
aeropuerto (m)	aeroport (m)	[aɛropórt]
supersónico (adj)	supersonik	[supɛrsoník]

comandante (m)	kapiten (m)	[kapitén]
tripulación (f)	ekip (m)	[ɛkíp]
piloto (m)	pilot (m)	[pilót]
azafata (f)	stjuardesë (f)	[stjuardésə]
navegador (m)	navigues (m)	[navigúɛs]

alas (f pl)	krahë (pl)	[kráhə]
cola (f)	bisht (m)	[biʃt]
cabina (f)	kabinë (f)	[kabínə]
motor (m)	motor (m)	[motór]
tren (m) de aterrizaje	karrel (m)	[karél]
turbina (f)	turbinë (f)	[turbínə]

hélice (f)	helikë (f)	[hɛlíkə]
caja (f) negra	kuti e zezë (f)	[kutí ɛ zézə]
timón (m)	timon (m)	[timón]
combustible (m)	karburant (m)	[karburánt]

instructivo (m) de seguridad	udhëzime sigurie (pl)	[uðəzímɛ siguríɛ]
respirador (m) de oxígeno	maskë oksigjeni (f)	[máskə oksiɟéni]
uniforme (m)	uniformë (f)	[unifórmə]
chaleco (m) salvavidas	jelek shpëtimi (m)	[jɛlék ʃpəlími]
paracaídas (m)	parashutë (f)	[paraʃútə]

despegue (m)	ngritje (f)	[ŋrítjɛ]
despegar (vi)	fluturon	[fluturón]
pista (f) de despegue	pista e fluturimit (f)	[písta ɛ fluturímit]

visibilidad (f)	shikueshmëri (f)	[ʃikuɛʃmərí]
vuelo (m)	fluturim (m)	[fluturím]
altura (f)	lartësi (f)	[lartəsí]
pozo (m) de aire	xhep ajri (m)	[dʒɛp ájri]

asiento (m)	karrige (f)	[karígɛ]
auriculares (m pl)	kufje (f)	[kúfjɛ]
mesita (f) plegable	tabaka (f)	[tabaká]

| ventana (f) | dritare avioni (f) | [dritárɛ avióni] |
| pasillo (m) | korridor (m) | [koridór] |

25. El tren

tren (m)	tren (m)	[trɛn]
tren (m) de cercanías	tren elektrik (m)	[trɛn ɛlɛktrík]
tren (m) rápido	tren ekspres (m)	[trɛn ɛksprés]
locomotora (f) diésel	lokomotivë me naftë (f)	[lokomótivǝ mɛ náftǝ]
tren (m) de vapor	lokomotivë me avull (f)	[lokomótivǝ mɛ ávuɫ]

| coche (m) | vagon (m) | [vagón] |
| coche (m) restaurante | vagon restorant (m) | [vagón rɛstoránt] |

rieles (m pl)	shina (pl)	[ʃína]
ferrocarril (m)	hekurudhë (f)	[hɛkurúðǝ]
traviesa (f)	traversë (f)	[travérsǝ]

plataforma (f)	platformë (f)	[platfórmǝ]
vía (f)	binar (m)	[binár]
semáforo (m)	semafor (m)	[sɛmafór]
estación (f)	stacion (m)	[statsión]

maquinista (m)	makinist (m)	[makiníst]
maletero (m)	portier (m)	[portiér]
mozo (m) del vagón	konduktor (m)	[konduktór]
pasajero (m)	pasagjer (m)	[pasaɟér]
revisor (m)	konduktor (m)	[konduktór]

| corredor (m) | korridor (m) | [koridór] |
| freno (m) de urgencia | frena urgjence (f) | [fréna urɟéntsɛ] |

compartimiento (m)	ndarje (f)	[ndárjɛ]
litera (f)	kat (m)	[kat]
litera (f) de arriba	kati i sipërm (m)	[káti i sípǝrm]
litera (f) de abajo	kati i poshtëm (m)	[káti i póʃtǝm]
ropa (f) de cama	shtroje shtrati (pl)	[ʃtrójɛ ʃtráti]

billete (m)	biletë (f)	[bilétǝ]
horario (m)	orar (m)	[orár]
pantalla (f) de información	tabelë e informatave (f)	[tabélǝ ɛ informátavɛ]

partir (vi)	niset	[nísɛt]
partida (f) (del tren)	nisje (f)	[nísjɛ]
llegar (tren)	arrij	[aríj]
llegada (f)	arritje (f)	[arítjɛ]

llegar en tren	arrij me tren	[aríj mɛ trɛn]
tomar el tren	hip në tren	[hip nǝ trén]
bajar del tren	zbres nga treni	[zbrɛs ŋa tréni]

| descarrilamiento (m) | aksident hekurudhor (m) | [aksidént hɛkuruðór] |
| descarrilarse (vr) | del nga shinat | [dɛl ŋa ʃínat] |

tren (m) de vapor	lokomotivë me avull (f)	[lokomótivə mɛ ávuɫ]
fogonero (m)	mbikëqyrës i zjarrit (m)	[mbikəcýrəs i zjárit]
hogar (m)	furrë (f)	[fúrə]
carbón (m)	qymyr (m)	[cymýr]

26. El barco

| barco, buque (m) | anije (f) | [aníjɛ] |
| navío (m) | mjet lundrues (m) | [mjét lundrúɛs] |

buque (m) de vapor	anije me avull (f)	[aníjɛ mɛ ávuɫ]
motonave (f)	anije lumi (f)	[aníjɛ lúmi]
trasatlántico (m)	krocierë (f)	[krotsiérə]
crucero (m)	anije luftarake (f)	[aníjɛ luftarákɛ]

yate (m)	jaht (m)	[jáht]
remolcador (m)	anije rimorkiuese (f)	[aníjɛ rimorkiúɛsɛ]
barcaza (f)	anije transportuese (f)	[aníjɛ transportúɛsɛ]
ferry (m)	traget (m)	[tragét]

| velero (m) | anije me vela (f) | [aníjɛ mɛ véla] |
| bergantín (m) | brigantinë (f) | [brigantínə] |

| rompehielos (m) | akullthyese (f) | [akuɫθýɛsɛ] |
| submarino (m) | nëndetëse (f) | [nəndétəsɛ] |

bote (m) de remo	barkë (f)	[bárkə]
bote (m)	gomone (f)	[gomónɛ]
bote (m) salvavidas	varkë shpëtimi (f)	[várkə ʃpətími]
lancha (f) motora	skaf (m)	[skaf]

capitán (m)	kapiten (m)	[kapitén]
marinero (m)	marinar (m)	[marlnár]
marino (m)	marinar (m)	[marinár]
tripulación (f)	ekip (m)	[ɛkíp]

contramaestre (m)	kryemarinar (m)	[kryɛmarinár]
grumete (m)	djali i anijes (m)	[djáli i aníjɛs]
cocinero (m) de abordo	kuzhinier (m)	[kuʒiniér]
médico (m) del buque	doktori i anijes (m)	[doktóri i aníjɛs]

cubierta (f)	kuverta (f)	[kuvérta]
mástil (m)	direk (m)	[dirék]
vela (f)	vela (f)	[véla]

| bodega (f) | bagazh (m) | [bagáʒ] |
| proa (f) | harku sipëror (m) | [hárku sipərór] |

popa (f)	**pjesa e pasme** (f)	[pjésa ɛ pásmɛ]
remo (m)	**rrem** (m)	[rɛm]
hélice (f)	**helikë** (f)	[hɛlíkə]
camarote (m)	**kabinë** (f)	[kabínə]
sala (f) de oficiales	**zyrë e oficerëve** (m)	[zýrə ɛ ofitsérəvɛ]
sala (f) de máquinas	**salla e motorit** (m)	[sáɫa ɛ motórit]
puente (m) de mando	**urë komanduese** (f)	[úrə komandúɛsɛ]
sala (f) de radio	**kabina radiotelegrafike** (f)	[kabína radiotɛlɛgrafíkɛ]
onda (f)	**valë** (f)	[válə]
cuaderno (m) de bitácora	**libri i shënimeve** (m)	[líbri i ʃənímɛvɛ]
anteojo (m)	**dylbi** (f)	[dylbí]
campana (f)	**këmbanë** (f)	[kəmbánə]
bandera (f)	**flamur** (m)	[flamúr]
cabo (m) (maroma)	**pallamar** (m)	[paɫamár]
nudo (m)	**nyjë** (f)	[nýjə]
pasamano (m)	**parmakë** (pl)	[parmákə]
pasarela (f)	**shkallë** (f)	[ʃkáɫə]
ancla (f)	**spirancë** (f)	[spirántsə]
levar ancla	**ngre spirancën**	[ŋré spirántsən]
echar ancla	**hedh spirancën**	[hɛð spirántsən]
cadena (f) del ancla	**zinxhir i spirancës** (m)	[zindʒír i spirántsəs]
puerto (m)	**port** (m)	[port]
embarcadero (m)	**skelë** (f)	[skélə]
amarrar (vt)	**ankoroj**	[ankorój]
desamarrar (vt)	**niset**	[nísɛt]
viaje (m)	**udhëtim** (m)	[uðətím]
crucero (m) (viaje)	**udhëtim me krocierë** (f)	[uðətím mɛ krotsiérə]
derrota (f) (rumbo)	**kursi i udhëtimit** (m)	[kúrsi i uðətímit]
itinerario (m)	**itinerar** (m)	[itinɛrár]
canal (m) navegable	**ujëra të lundrueshme** (f)	[újəra tə lundrúɛʃmɛ]
bajío (m)	**cekëtinë** (f)	[tsɛkətínə]
encallar (vi)	**bllokohet në rërë**	[bɫokóhɛt nə rərə]
tempestad (f)	**stuhi** (f)	[stuhí]
señal (f)	**sinjal** (m)	[siɲál]
hundirse (vr)	**fundoset**	[fundósɛt]
¡Hombre al agua!	**Njeri në det!**	[ɲɛrí nə dɛt!]
SOS	**SOS** (m)	[sos]
aro (m) salvavidas	**bovë shpëtuese** (f)	[bóvə ʃpətúɛsɛ]

LA CIUDAD

T&P Books Publishing

autobús (m)	**autobus** (m)	[autobús]
tranvía (m)	**tramvaj** (m)	[tramváj]
trolebús (m)	**autobus tramvaj** (m)	[autobús tramváj]
itinerario (m)	**itinerar** (m)	[itinɛrár]
número (m)	**numër** (m)	[númər]

ir en ...	**udhëtoj me ...**	[uðətój mɛ ...]
tomar (~ el autobús)	**hip**	[hip]
bajar (~ del tren)	**zbres ...**	[zbrɛs ...]

parada (f)	**stacion** (m)	[statsión]
próxima parada (f)	**stacioni tjetër** (m)	[statsióni tjétər]
parada (f) final	**terminal** (m)	[tɛrminál]
horario (m)	**orar** (m)	[orár]
esperar (aguardar)	**pres**	[prɛs]

| billete (m) | **biletë** (f) | [bilétə] |
| precio (m) del billete | **çmim bilete** (m) | [tʃmím bilétɛ] |

cajero (m)	**shitës biletash** (m)	[ʃítəs bilétaʃ]
control (m) de billetes	**kontroll biletash** (m)	[kontróɫ bilétaʃ]
revisor (m)	**kontrollues biletash** (m)	[kontroɫúɛs bilétaʃ]

llegar tarde (vi)	**vonohem**	[vonóhɛm]
perder (~ el tren)	**humbas**	[humbás]
tener prisa	**nxitoj**	[ndzitój]

taxi (m)	**taksi** (m)	[táksi]
taxista (m)	**shofer taksie** (m)	[ʃofér taksíɛ]
en taxi	**me taksi**	[mɛ táksi]
parada (f) de taxi	**stacion taksish** (m)	[statsión táksiʃ]
llamar un taxi	**thërras taksi**	[θərás táksi]
tomar un taxi	**marr taksi**	[mar táksi]

tráfico (m)	**trafik** (m)	[trafík]
atasco (m)	**bllokim trafiku** (m)	[bɫokím trafíku]
horas (f pl) de punta	**orë e trafikut të rëndë** (f)	[órə ɛ trafíkut tə rəndə]
aparcar (vi)	**parkoj**	[parkój]
aparcar (vt)	**parkim**	[parkím]
aparcamiento (m)	**parking** (m)	[parkíŋ]

metro (m)	**metro** (f)	[mɛtró]
estación (f)	**stacion** (m)	[statsión]
ir en el metro	**shkoj me metro**	[ʃkoj mɛ métro]

| tren (m) | tren (m) | [trɛn] |
| estación (f) | stacion treni (m) | [statsión tréni] |

28. La ciudad. La vida en la ciudad

ciudad (f)	qytet (m)	[cytét]
capital (f)	kryeqytet (m)	[kryɛcytét]
aldea (f)	fshat (m)	[fʃát]

plano (m) de la ciudad	hartë e qytetit (f)	[hártə ɛ cytétit]
centro (m) de la ciudad	qendër e qytetit (f)	[céndər ɛ cytétit]
suburbio (m)	periferi (f)	[pɛrifɛrí]
suburbano (adj)	periferik	[pɛrifɛrík]

arrabal (m)	periferia (f)	[pɛrifɛría]
afueras (f pl)	periferia (f)	[pɛrifɛría]
barrio (m)	bllok pallatesh (m)	[bɫók paɫátɛʃ]
zona (f) de viviendas	bllok banimi (m)	[bɫók baními]

tráfico (m)	trafik (m)	[trafík]
semáforo (m)	semafor (m)	[sɛmafór]
transporte (m) urbano	transport publik (m)	[transpórt publík]
cruce (m)	kryqëzim (m)	[krycəzím]

| paso (m) de peatones | kalim për këmbësorë (m) | [kalím pər kəmbəsórə] |
| paso (m) subterráneo | nënkalim për këmbësorë (m) | [nənkalím pər kəmbəsórə] |

cruzar (vt)	kapërcej	[kapərtséj]
peatón (m)	këmbësor (m)	[kəmbəsór]
acera (f)	trotuar (m)	[trotuár]

puente (m)	urë (f)	[úrə]
muelle (m)	breg lumi (m)	[brɛg lúmi]
fuente (f)	shatërvan (m)	[ʃatərván]

alameda (f)	rrugëz (f)	[rúgəz]
parque (m)	park (m)	[park]
bulevar (m)	bulevard (m)	[bulɛvárd]
plaza (f)	shesh (m)	[ʃɛʃ]
avenida (f)	bulevard (m)	[bulɛvárd]
calle (f)	rrugë (f)	[rúgə]
callejón (m)	rrugë dytësore (f)	[rúgə dytəsórɛ]
callejón (m) sin salida	rrugë pa krye (f)	[rúgə pa krýɛ]

casa (f)	shtëpi (f)	[ʃtəpí]
edificio (m)	ndërtesë (f)	[ndərtésə]
rascacielos (m)	qiellgërvishtës (m)	[ciɛɫgərvíʃtəs]

| fachada (f) | fasadë (f) | [fasádə] |
| techo (m) | çati (f) | [tʃatí] |

ventana (f)	**dritare** (f)	[dritárɛ]
arco (m)	**hark** (m)	[hárk]
columna (f)	**kolonë** (f)	[kolónə]
esquina (f)	**kënd** (m)	[kə́nd]

escaparate (f)	**vitrinë** (f)	[vitrínə]
letrero (m) (~ luminoso)	**tabelë** (f)	[tabélə]
cartel (m)	**poster** (m)	[postér]
cartel (m) publicitario	**afishe reklamuese** (f)	[afíʃɛ rɛklamúɛsɛ]
valla (f) publicitaria	**tabelë reklamash** (f)	[tabélə rɛklámaʃ]

basura (f)	**plehra** (f)	[pléhra]
cajón (m) de basura	**kosh plehrash** (m)	[koʃ pléhraʃ]
tirar basura	**hedh mbeturina**	[hɛð mbɛturína]
basurero (m)	**deponi plehrash** (f)	[dɛponí pléhraʃ]

cabina (f) telefónica	**kabinë telefonike** (f)	[kabínə tɛlɛfoníkɛ]
farola (f)	**shtyllë dritash** (f)	[ʃtýłə drítaʃ]
banco (m) (del parque)	**stol** (m)	[stol]

policía (m)	**polic** (m)	[políts]
policía (f) (~ nacional)	**polici** (f)	[politsí]
mendigo (m)	**lypës** (m)	[lýpəs]
persona (f) sin hogar	**i pastrehë** (m)	[i pastréhə]

29. Las instituciones urbanas

tienda (f)	**dyqan** (m)	[dycán]
farmacia (f)	**farmaci** (f)	[farmatsí]
óptica (f)	**optikë** (f)	[optíkə]
centro (m) comercial	**qendër tregtare** (f)	[céndər trɛgtárɛ]
supermercado (m)	**supermarket** (m)	[supɛrmarkét]

panadería (f)	**furrë** (f)	[fúrə]
panadero (m)	**furrtar** (m)	[furtár]
pastelería (f)	**pastiçeri** (f)	[pastitʃɛrí]
tienda (f) de comestibles	**dyqan ushqimor** (m)	[dycán uʃcimór]
carnicería (f)	**dyqan mishi** (m)	[dycán míʃi]

verdulería (f)	**dyqan fruta-perimesh** (m)	[dycán frúta-pɛrímɛʃ]
mercado (m)	**treg** (m)	[trɛg]

cafetería (f)	**kafene** (f)	[kafɛné]
restaurante (m)	**restorant** (m)	[rɛstoránt]
cervecería (f)	**pab** (m), **pijetore** (f)	[pab], [pijɛtórɛ]
pizzería (f)	**piceri** (f)	[pitsɛrí]

peluquería (f)	**parukeri** (f)	[parukɛrí]
oficina (f) de correos	**zyrë postare** (f)	[zýrə postárɛ]
tintorería (f)	**pastrim kimik** (m)	[pastrím kimík]

estudio (m) fotográfico	**studio fotografike** (f)	[stúdio fotografíkɛ]
zapatería (f)	**dyqan këpucësh** (m)	[dycán kəpútsəʃ]
librería (f)	**librari** (f)	[librarí]
tienda (f) deportiva	**dyqan me mallra sportivë** (m)	[dycán mɛ mátra sportívə]
arreglos (m pl) de ropa	**rrobaqepësi** (f)	[robacɛpəsí]
alquiler (m) de ropa	**dyqan veshjesh me qira** (m)	[dycán véʃjɛʃ mɛ cirá]
videoclub (m)	**dyqan videosh me qira** (m)	[dycán vídɛoʃ mɛ cirá]
circo (m)	**cirk** (m)	[tsírk]
zoológico (m)	**kopsht zoologjik** (m)	[kópʃt zooloɟík]
cine (m)	**kinema** (f)	[kinɛmá]
museo (m)	**muze** (m)	[muzé]
biblioteca (f)	**bibliotekë** (f)	[bibliotékə]
teatro (m)	**teatër** (m)	[tɛátər]
ópera (f)	**opera** (f)	[opéra]
club (m) nocturno	**klub nate** (m)	[klúb nátɛ]
casino (m)	**kazino** (f)	[kazíno]
mezquita (f)	**xhami** (f)	[dʒamí]
sinagoga (f)	**sinagogë** (f)	[sinagógə]
catedral (f)	**katedrale** (f)	[katɛdrálɛ]
templo (m)	**tempull** (m)	[témput]
iglesia (f)	**kishë** (f)	[kíʃə]
instituto (m)	**kolegj** (m)	[koléɟ]
universidad (f)	**universitet** (m)	[univɛrsitét]
escuela (f)	**shkollë** (f)	[ʃkótə]
prefectura (f)	**prefekturë** (f)	[prɛfɛktúrə]
alcaldía (f)	**bashki** (f)	[baʃkí]
hotel (m)	**hotel** (m)	[hotél]
banco (m)	**bankë** (f)	[bánkə]
embajada (f)	**ambasadë** (f)	[ambasádə]
agencia (f) de viajes	**agjenci udhëtimesh** (f)	[aɟentsí uðətímɛʃ]
oficina (f) de información	**zyrë informacioni** (f)	[zýrə informatsióni]
oficina (f) de cambio	**këmbim valutor** (m)	[kəmbím valutór]
metro (m)	**metro** (f)	[mɛtró]
hospital (m)	**spital** (m)	[spitál]
gasolinera (f)	**pikë karburanti** (f)	[píkə karburánti]
aparcamiento (m)	**parking** (m)	[parkíŋ]

30. Los avisos

letrero (m) (~ luminoso)	tabelë (f)	[tabélə]
cartel (m) (texto escrito)	njoftim (m)	[ɲoftím]
pancarta (f)	poster (m)	[postér]
señal (m) de dirección	tabelë drejtuese (f)	[tabéla drɛjtúɛsɛ]
flecha (f) (signo)	shigjetë (f)	[ʃiɟétə]

advertencia (f)	kujdes (m)	[kujdés]
aviso (m)	shenjë paralajmëruese (f)	[ʃéɲə paralajmərúɛsɛ]
advertir (vt)	paralajmëroj	[paralajmərój]

día (m) de descanso	ditë pushimi (f)	[díta puʃími]
horario (m)	orar (m)	[orár]
horario (m) de apertura	orari i punës (m)	[orári i púnəs]

¡BIENVENIDOS!	MIRË SE VINI!	[míra sɛ víni!]
ENTRADA	HYRJE	[hýrjɛ]
SALIDA	DALJE	[dáljɛ]

EMPUJAR	SHTY	[ʃty]
TIRAR	TËRHIQ	[tərhíc]
ABIERTO	HAPUR	[hápur]
CERRADO	MBYLLUR	[mbýɬur]

| MUJERES | GRA | [gra] |
| HOMBRES | BURRA | [búra] |

REBAJAS	ZBRITJE	[zbrítjɛ]
SALDOS	ULJE	[úljɛ]
NOVEDAD	TË REJA!	[tə réja!]
GRATIS	FALAS	[fálas]

¡ATENCIÓN!	KUJDES!	[kujdés!]
COMPLETO	NUK KA VENDE TË LIRA	[nuk ka véndɛ tə líra]
RESERVADO	E REZERVUAR	[ɛ rɛzɛrvúar]

| ADMINISTRACIÓN | ADMINISTRATA | [administráta] |
| SÓLO PERSONAL AUTORIZADO | VETËM PËR STAFIN | [vétəm pər stáfin] |

CUIDADO CON EL PERRO	RUHUNI NGA QENI!	[rúhuni ŋa céni!]
PROHIBIDO FUMAR	NDALOHET DUHANI	[ndalóhɛt duháni]
NO TOCAR	MOS PREK!	[mos prék!]

PELIGROSO	TË RREZIKSHME	[tə rɛzíkʃmɛ]
PELIGRO	RREZIK	[rɛzík]
ALTA TENSIÓN	TENSION I LARTË	[tɛnsión i lártə]
PROHIBIDO BAÑARSE	NUK LEJOHET NOTI!	[nuk lɛjóhɛt nóti!]
NO FUNCIONA	E PRISHUR	[ɛ príʃur]

INFLAMABLE	**LËNDË DJEGËSE**	[ləndə djégəsɛ]
PROHIBIDO	**E NDALUAR**	[ɛ ndalúar]
PROHIBIDO EL PASO	**NDALOHET HYRJA**	[ndalóhɛt hýrja]
RECIÉN PINTADO	**BOJË E FRESKËT**	[bója ɛ fréskət]

31. Las compras

comprar (vt)	**blej**	[blɛj]
compra (f)	**blerje** (f)	[blérjɛ]
hacer compras	**shkoj për pazar**	[ʃkoj pər pazár]
compras (f pl)	**pazar** (m)	[pazár]

| estar abierto (tienda) | **hapur** | [hápur] |
| estar cerrado | **mbyllur** | [mbýtur] |

calzado (m)	**këpucë** (f)	[kəpútsə]
ropa (f)	**veshje** (f)	[véʃjɛ]
cosméticos (m pl)	**kozmetikë** (f)	[kozmɛtíkə]
productos alimenticios	**mallra ushqimore** (f)	[máɫra uʃcimórɛ]
regalo (m)	**dhuratë** (f)	[ðurátə]

| vendedor (m) | **shitës** (m) | [ʃítəs] |
| vendedora (f) | **shitëse** (f) | [ʃítəsɛ] |

caja (f)	**arkë** (f)	[árkə]
espejo (m)	**pasqyrë** (f)	[pascýrə]
mostrador (m)	**banak** (m)	[bának]
probador (m)	**dhomë prove** (f)	[ðómə próvɛ]

probar (un vestido)	**provoj**	[provój]
quedar (una ropa, etc.)	**më rri mirë**	[mə ri mírə]
gustar (vi)	**pëlqej**	[pəlcéj]

precio (m)	**çmim** (m)	[tʃmím]
etiqueta (f) de precio	**etiketa e çmimit** (f)	[ɛtikéta ɛ tʃmímit]
costar (vt)	**kushton**	[kuʃtón]
¿Cuánto?	**Sa?**	[sa?]
descuento (m)	**ulje** (f)	[úljɛ]

no costoso (adj)	**jo e shtrenjtë**	[jo ɛ ʃtréɲtə]
barato (adj)	**e lirë**	[ɛ lírə]
caro (adj)	**i shtrenjtë**	[i ʃtréɲtə]
Es caro	**Është e shtrenjtë**	[éʃtə ɛ ʃtréɲtə]

alquiler (m)	**qiramarrje** (f)	[ciramárjɛ]
alquilar (vt)	**marr me qira**	[mar mɛ cirá]
crédito (m)	**kredit** (m)	[krɛdít]
a crédito (adv)	**me kredi**	[mɛ krɛdí]

T&P BOOKS

LA ROPA Y LOS ACCESORIOS

T&P Books Publishing

32. La ropa exterior. Los abrigos

ropa (f)	rroba (f)	[róba]
ropa (f) de calle	veshje e sipërme (f)	[véʃjɛ ɛ sípərmɛ]
ropa (f) de invierno	veshje dimri (f)	[véʃjɛ dímri]
abrigo (m)	pallto (f)	[páɫto]
abrigo (m) de piel	gëzof (m)	[gəzóf]
abrigo (m) corto de piel	xhaketë lëkure (f)	[dʒakétə ləkúrɛ]
chaqueta (f) plumón	xhup (m)	[dʒup]
cazadora (f)	xhaketë (f)	[dʒakétə]
impermeable (m)	pardesy (f)	[pardɛsý]
impermeable (adj)	kundër shiut	[kúndər ʃiut]

33. Ropa de hombre y mujer

camisa (f)	këmishë (f)	[kəmíʃə]
pantalones (m pl)	pantallona (f)	[pantaɫóna]
jeans, vaqueros (m pl)	xhinse (f)	[dʒínsɛ]
chaqueta (f), saco (m)	xhaketë kostumi (f)	[dʒakétə kostúmi]
traje (m)	kostum (m)	[kostúm]
vestido (m)	fustan (m)	[fustán]
falda (f)	fund (m)	[fund]
blusa (f)	bluzë (f)	[blúzə]
rebeca (f), chaqueta (f) de punto	xhaketë me thurje (f)	[dʒakétə mɛ θúrjɛ]
chaqueta (f)	xhaketë femrash (f)	[dʒakétə fémraʃ]
camiseta (f) (T-shirt)	bluzë (f)	[blúzə]
pantalones (m pl) cortos	pantallona të shkurtra (f)	[pantaɫóna tə ʃkúrtra]
traje (m) deportivo	tuta sportive (f)	[túta sportívɛ]
bata (f) de baño	peshqir trupi (m)	[pɛʃcír trúpi]
pijama (m)	pizhame (f)	[piʒámɛ]
suéter (m)	triko (f)	[tríko]
pulóver (m)	pulovër (m)	[pulóvər]
chaleco (m)	jelek (m)	[jɛlék]
frac (m)	frak (m)	[frak]
esmoquin (m)	smoking (m)	[smokíŋ]
uniforme (m)	uniformë (f)	[unifórmə]
ropa (f) de trabajo	rroba pune (f)	[róba púnɛ]

mono (m)	**kominoshe** (f)	[kominóʃɛ]
bata (f) (p. ej. ~ blanca)	**uniformë** (f)	[unifórmə]

34. La ropa. La ropa interior

ropa (f) interior	**të brendshme** (f)	[tə bréndʃmɛ]
bóxer (m)	**boksera** (f)	[bokséra]
bragas (f pl)	**brekë** (f)	[brékə]
camiseta (f) interior	**fanellë** (f)	[fanélə]
calcetines (m pl)	**çorape** (pl)	[tʃorápɛ]
camisón (m)	**këmishë nate** (f)	[kəmíʃə nátɛ]
sostén (m)	**sytjena** (f)	[sytjéna]
calcetines (m pl) altos	**çorape déri tek gjuri** (pl)	[tʃorápɛ déri ték ɟúri]
pantimedias (f pl)	**geta** (f)	[géta]
medias (f pl)	**çorape të holla** (pl)	[tʃorápɛ tə hóła]
traje (m) de baño	**rrobë banje** (f)	[róbə báɲɛ]

35. Gorras

gorro (m)	**kapelë** (f)	[kapélə]
sombrero (m) de fieltro	**kapelë republike** (f)	[kapélə rɛpublíkɛ]
gorra (f) de béisbol	**kapelë bejsbolli** (f)	[kapélə bɛjsbóti]
gorra (f) plana	**kapelë e sheshtë** (f)	[kapélə ɛ ʃéʃtə]
boina (f)	**beretë** (f)	[bɛrétə]
capuchón (m)	**kapuç** (m)	[kapútʃ]
panamá (m)	**kapelë panama** (f)	[kapélə panamá]
gorro (m) de punto	**kapuç leshi** (m)	[kapútʃ léʃi]
pañuelo (m)	**shami** (f)	[ʃamí]
sombrero (m) de mujer	**kapelë femrash** (f)	[kapélə fémraʃ]
casco (m) (~ protector)	**helmetë** (f)	[hɛlmétə]
gorro (m) de campaña	**kapelë ushtrie** (f)	[kapélə uʃtríɛ]
casco (m) (~ de moto)	**helmetë** (f)	[hɛlmétə]
bombín (m)	**kapelë derby** (f)	[kapélə dérby]
sombrero (m) de copa	**kapelë cilindër** (f)	[kapélə tsilíndər]

36. El calzado

calzado (m)	**këpucë** (pl)	[kəpútsə]
botas (f pl)	**këpucë burrash** (pl)	[kəpútsə búraʃ]
zapatos (m pl)	**këpucë grash** (pl)	[kəpútsə gráʃ]
(~ de tacón bajo)		

| botas (f pl) altas | çizme (pl) | [tʃízmɛ] |
| zapatillas (f pl) | pantofla (pl) | [pantófla] |

tenis (m pl)	atlete tenisi (pl)	[atlétɛ tɛnísi]
zapatillas (f pl) de lona	atlete (pl)	[atlétɛ]
sandalias (f pl)	sandale (pl)	[sandálɛ]

zapatero (m)	këpucëtar (m)	[kəputsətár]
tacón (m)	takë (f)	[tákə]
par (m)	palë (f)	[pálə]

cordón (m)	lidhëse këpucësh (f)	[líðəsɛ kəpútsəʃ]
encordonar (vt)	lidh këpucët	[lið kəpútsət]
calzador (m)	lugë këpucësh (f)	[lúgə kəpútsəʃ]
betún (m)	bojë këpucësh (f)	[bójə kəpútsəʃ]

37. Accesorios personales

guantes (m pl)	dorëza (pl)	[dórəza]
manoplas (f pl)	doreza (f)	[doréza]
bufanda (f)	shall (m)	[ʃał]

gafas (f pl)	syze (f)	[sýzɛ]
montura (f)	skelet syzesh (m)	[skɛlét sýzɛʃ]
paraguas (m)	çadër (f)	[tʃádər]
bastón (m)	bastun (m)	[bastún]
cepillo (m) de pelo	furçë flokësh (f)	[fúrtʃə flókəʃ]
abanico (m)	erashkë (f)	[ɛráʃkə]

corbata (f)	kravatë (f)	[kraváta]
pajarita (f)	papion (m)	[papión]
tirantes (m pl)	aski (pl)	[askí]
moquero (m)	shami (f)	[ʃamí]

peine (m)	krehër (m)	[kréhər]
pasador (m) de pelo	kapëse flokësh (f)	[kápəsɛ flókəʃ]
horquilla (f)	karficë (f)	[karfítsə]
hebilla (f)	tokëz (f)	[tókəz]
cinturón (m)	rrip (m)	[rip]
correa (f) (de bolso)	rrip supi (m)	[rip súpi]
bolsa (f)	çantë dore (f)	[tʃántə dórɛ]
bolso (m)	çantë (f)	[tʃántə]
mochila (f)	çantë shpine (f)	[tʃántə ʃpínɛ]

38. La ropa. Miscelánea

| moda (f) | modë (f) | [módə] |
| de moda (adj) | në modë | [nə módə] |

diseñador (m) de moda	**stilist** (m)	[stilíst]
cuello (m)	**jakë** (f)	[jákə]
bolsillo (m)	**xhep** (m)	[dʒɛp]
de bolsillo (adj)	**i xhepit**	[i dʒépit]
manga (f)	**mëngë** (f)	[méŋə]
presilla (f)	**hallkë për varje** (f)	[hátkə pər várjɛ]
bragueta (f)	**zinxhir** (m)	[zindʒír]
cremallera (f)	**zinxhir** (m)	[zindʒír]
cierre (m)	**kapëse** (f)	[kápəsɛ]
botón (m)	**kopsë** (f)	[kópsə]
ojal (m)	**vrimë kopse** (f)	[vrímə kópsɛ]
saltar (un botón)	**këputet**	[kəpútɛt]
coser (vi, vt)	**qep**	[cɛp]
bordar (vt)	**qëndis**	[cəndís]
bordado (m)	**qëndisje** (f)	[cəndísjɛ]
aguja (f)	**gjilpërë për qepje** (f)	[ɟilpérə pər cépjɛ]
hilo (m)	**pe** (m)	[pɛ]
costura (f)	**tegel** (m)	[tɛgél]
ensuciarse (vr)	**bëhem pis**	[béhɛm pis]
mancha (f)	**njollë** (f)	[ɲótə]
arrugarse (vr)	**zhubros**	[ʒubrós]
rasgar (vt)	**gris**	[gris]
polilla (f)	**molë rrobash** (f)	[mólə róbaʃ]

39. Productos personales. Cosméticos

pasta (f) de dientes	**pastë dhëmbësh** (f)	[pástə ðémbəʃ]
cepillo (m) de dientes	**furçë dhëmbësh** (f)	[fúrtʃə ðémbəʃ]
limpiarse los dientes	**laj dhëmbët**	[laj ðémbət]
maquinilla (f) de afeitar	**brisk** (m)	[brísk]
crema (f) de afeitar	**pastë rroje** (f)	[pástə rójɛ]
afeitarse (vr)	**rruhem**	[rúhɛm]
jabón (m)	**sapun** (m)	[sapún]
champú (m)	**shampo** (f)	[ʃampó]
tijeras (f pl)	**gërshërë** (f)	[gərʃérə]
lima (f) de uñas	**limë thonjsh** (f)	[límə θóɲʃ]
cortaúñas (m pl)	**prerëse thonjsh** (f)	[prérəsɛ θóɲʃ]
pinzas (f pl)	**piskatore vetullash** (f)	[piskatórɛ vétutaʃ]
cosméticos (m pl)	**kozmetikë** (f)	[kozmɛtíkə]
mascarilla (f)	**maskë fytyre** (f)	[máskə fytýrɛ]
manicura (f)	**manikyr** (m)	[manikýr]
hacer la manicura	**bëj manikyr**	[bəj manikýr]
pedicura (f)	**pedikyr** (m)	[pɛdikýr]

bolsa (f) de maquillaje	çantë kozmetike (f)	[tʃántə kozmɛtíkɛ]
polvos (m pl)	pudër fytyre (f)	[púdər fytýrɛ]
polvera (f)	pudër kompakte (f)	[púdər kompáktɛ]
colorete (m), rubor (m)	ruzh (m)	[ruʒ]

perfume (m)	parfum (m)	[parfúm]
agua (f) de tocador	parfum (m)	[parfúm]
loción (f)	krem (m)	[krɛm]
agua (f) de Colonia	kolonjë (f)	[kolóɲə]

sombra (f) de ojos	rimel (m)	[rimél]
lápiz (m) de ojos	laps për sy (m)	[láps pər sy]
rímel (m)	rimel (m)	[rimél]

pintalabios (m)	buzëkuq (m)	[buzəkúc]
esmalte (m) de uñas	llak për thonj (m)	[ɫak pər θóɲ]
fijador (m) para el pelo	llak flokësh (m)	[ɫak flókəʃ]
desodorante (m)	deodorant (m)	[dɛodoránt]

crema (f)	krem (m)	[krɛm]
crema (f) de belleza	krem për fytyrë (m)	[krɛm pər fytýrə]
crema (f) de manos	krem për duar (m)	[krɛm pər dúar]
crema (f) antiarrugas	krem kundër rrudhave (m)	[krɛm kúndər rúðavɛ]
crema (f) de día	krem dite (m)	[krɛm dítɛ]
crema (f) de noche	krem nate (m)	[krɛm nátɛ]
de día (adj)	dite	[dítɛ]
de noche (adj)	nate	[nátɛ]

tampón (m)	tampon (m)	[tampón]
papel (m) higiénico	letër higjienike (f)	[létər hiɟiɛníkɛ]
secador (m) de pelo	tharëse flokësh (f)	[θárəsɛ flókəʃ]

40. Los relojes

reloj (m)	orë dore (f)	[órə dórɛ]
esfera (f)	faqe e orës (f)	[fácɛ ɛ órəs]
aguja (f)	akrep (m)	[akrép]
pulsera (f)	rrip metalik ore (m)	[rip mɛtalík órɛ]
correa (f) (del reloj)	rrip ore (m)	[rip órɛ]

pila (f)	bateri (f)	[batɛrí]
descargarse (vr)	e shkarkuar	[ɛ ʃkarkúar]
cambiar la pila	ndërroj baterinë	[ndərój batɛrínə]
adelantarse (vr)	kalon shpejt	[kalón ʃpéjt]
retrasarse (vr)	ngel prapa	[ŋɛl prápa]

reloj (m) de pared	orë muri (f)	[órə múri]
reloj (m) de arena	orë rëre (f)	[órə rərɛ]
reloj (m) de sol	orë diellore (f)	[órə diɛɫórɛ]
despertador (m)	orë me zile (f)	[órə mɛ zílɛ]

relojero (m)	**orëndreqës** (m)	[orəndrécəs]
reparar (vt)	**ndreq**	[ndréc]

BOOKS

LA EXPERIENCIA DIARIA

T&P Books Publishing

dinero (m)	**para** (f)	[pará]
cambio (m)	**këmbim valutor** (m)	[kəmbím valutór]
curso (m)	**kurs këmbimi** (m)	[kurs kəmbími]
cajero (m) automático	**bankomat** (m)	[bankomát]
moneda (f)	**monedhë** (f)	[monéðə]
dólar (m)	**dollar** (m)	[dołár]
euro (m)	**euro** (f)	[éuro]
lira (f)	**lirë** (f)	[lírə]
marco (m) alemán	**Marka gjermane** (f)	[márka ɟεrmánε]
franco (m)	**franga** (f)	[fráŋa]
libra esterlina (f)	**sterlina angleze** (f)	[stεrlína aŋlézε]
yen (m)	**jen** (m)	[jén]
deuda (f)	**borxh** (m)	[bórdʒ]
deudor (m)	**debitor** (m)	[dεbitór]
prestar (vt)	**jap hua**	[jap huá]
tomar prestado	**marr hua**	[mar huá]
banco (m)	**bankë** (f)	[bánkə]
cuenta (f)	**llogari** (f)	[łogarí]
ingresar (~ en la cuenta)	**depozitoj**	[dεpozitój]
ingresar en la cuenta	**depozitoj në llogari**	[dεpozitój nə łogarí]
sacar de la cuenta	**tërheq**	[tərhéc]
tarjeta (f) de crédito	**kartë krediti** (f)	[kártə krεdíti]
dinero (m) en efectivo	**kesh** (m)	[kεʃ]
cheque (m)	**çek** (m)	[tʃεk]
sacar un cheque	**lëshoj një çek**	[ləʃój ɲə tʃék]
talonario (m)	**bllok çeqesh** (m)	[błók tʃécεʃ]
cartera (f)	**portofol** (m)	[portofól]
monedero (m)	**kuletë** (f)	[kulétə]
caja (f) fuerte	**kasafortë** (f)	[kasafórtə]
heredero (m)	**trashëgimtar** (m)	[traʃəgimtár]
herencia (f)	**trashëgimi** (f)	[traʃəgimí]
fortuna (f)	**pasuri** (f)	[pasurí]
arriendo (m)	**qira** (f)	[cirá]
alquiler (m) (dinero)	**qiraja** (f)	[cirája]
alquilar (~ una casa)	**marr me qira**	[mar mε cirá]
precio (m)	**çmim** (m)	[tʃmím]

coste (m)	**kosto** (f)	[kósto]
suma (f)	**shumë** (f)	[ʃúmə]
gastar (vt)	**shpenzoj**	[ʃpɛnzój]
gastos (m pl)	**shpenzime** (f)	[ʃpɛnzímɛ]
economizar (vi, vt)	**kursej**	[kurséj]
económico (adj)	**ekonomik**	[ɛkonomík]
pagar (vi, vt)	**paguaj**	[pagúaj]
pago (m)	**pagesë** (f)	[pagésə]
cambio (m) (devolver el ~)	**kusur** (m)	[kusúr]
impuesto (m)	**taksë** (f)	[táksə]
multa (f)	**gjobë** (f)	[ɟóbə]
multar (vt)	**vendos gjobë**	[vɛndós ɟóbə]

42. La oficina de correos

oficina (f) de correos	**zyrë postare** (f)	[zýrə postárɛ]
correo (m) (cartas, etc.)	**postë** (f)	[póstə]
cartero (m)	**postier** (m)	[postiér]
horario (m) de apertura	**orari i punës** (m)	[orári i púnəs]
carta (f)	**letër** (f)	[létər]
carta (f) certificada	**letër rekomande** (f)	[létər rɛkomándɛ]
tarjeta (f) postal	**kartolinë** (f)	[kartolínə]
telegrama (m)	**telegram** (m)	[tɛlɛgrám]
paquete (m) postal	**pako** (f)	[páko]
giro (m) postal	**transfer parash** (m)	[transfér paráʃ]
recibir (vt)	**pranoj**	[pranój]
enviar (vt)	**dërgoj**	[dərgój]
envío (m)	**dërgesë** (f)	[dərgésə]
dirección (f)	**adresë** (f)	[adrésə]
código (m) postal	**kodi postar** (m)	[kódi postár]
expedidor (m)	**dërguesi** (m)	[dərgúɛsi]
destinatario (m)	**pranues** (m)	[pranúɛs]
nombre (m)	**emër** (m)	[émər]
apellido (m)	**mbiemër** (m)	[mbiémər]
tarifa (f)	**tarifë postare** (f)	[tarífə postárɛ]
ordinario (adj)	**standard**	[standárd]
económico (adj)	**ekonomike**	[ɛkonomíkɛ]
peso (m)	**peshë** (f)	[péʃə]
pesar (~ una carta)	**peshoj**	[pɛʃój]
sobre (m)	**zarf** (m)	[zarf]
sello (m)	**pullë postare** (f)	[púɬə postárɛ]
poner un sello	**vendos pullën postare**	[vɛndós púɬən postárɛ]

43. La banca

banco (m)	**bankë** (f)	[bánkə]
sucursal (f)	**degë** (f)	[dégə]
consultor (m)	**punonjës banke** (m)	[punóɲəs bánkɛ]
gerente (m)	**drejtor** (m)	[drɛjtór]
cuenta (f)	**llogari bankare** (f)	[ɫogarí bankárɛ]
numero (m) de la cuenta	**numër llogarie** (m)	[númər ɫogaríɛ]
cuenta (f) corriente	**llogari rrjedhëse** (f)	[ɫogari rjéðəsɛ]
cuenta (f) de ahorros	**llogari kursimesh** (f)	[ɫogarí kursímɛʃ]
abrir una cuenta	**hap një llogari**	[hap ɲə ɫogarí]
cerrar la cuenta	**mbyll një llogari**	[mbýɫ ɲə ɫogarí]
ingresar en la cuenta	**depozitoj në llogari**	[dɛpozitój nə ɫogarí]
sacar de la cuenta	**tërheq**	[tərhéc]
depósito (m)	**depozitë** (f)	[dɛpozítə]
hacer un depósito	**kryej një depozitim**	[krýɛj ɲə dɛpozitím]
giro (m) bancario	**transfer bankar** (m)	[transfér bankár]
hacer un giro	**transferoj para**	[transfɛrój pará]
suma (f)	**shumë** (f)	[ʃúmə]
¿Cuánto?	**Sa?**	[sa?]
firma (f) (nombre)	**nënshkrim** (m)	[nənʃkrím]
firmar (vt)	**nënshkruaj**	[nənʃkrúaj]
tarjeta (f) de crédito	**kartë krediti** (f)	[kártə krɛdíti]
código (m)	**kodi PIN** (m)	[kódi pin]
número (m) de tarjeta	**numri i kartës**	[númri i kártəs
de crédito	**së kreditit** (m)	sə krɛdítit]
cajero (m) automático	**bankomat** (m)	[bankomát]
cheque (m)	**çek** (m)	[tʃɛk]
sacar un cheque	**lëshoj një çek**	[ləʃój ɲə tʃék]
talonario (m)	**bllok çeqesh** (m)	[bɫók tʃécɛʃ]
crédito (m)	**kredi** (f)	[krɛdí]
pedir el crédito	**aplikoj për kredi**	[aplikój pər krɛdí]
obtener un crédito	**marr kredi**	[mar krɛdí]
conceder un crédito	**jap kredi**	[jap krɛdí]
garantía (f)	**garanci** (f)	[garantsí]

44. El teléfono. Las conversaciones telefónicas

teléfono (m)	**telefon** (m)	[tɛlɛfón]
teléfono (m) móvil	**celular** (m)	[tsɛlulár]

contestador (m)	**sekretari telefonike** (f)	[sɛkrɛtarí tɛlɛfoníkɛ]
llamar, telefonear	**telefonoj**	[tɛlɛfonój]
llamada (f)	**telefonatë** (f)	[tɛlɛfonátə]

marcar un número	**i bie numrit**	[i bíɛ númrit]
¿Sí?, ¿Dígame?	**Përshëndetje!**	[pərʃəndétjɛ!]
preguntar (vt)	**pyes**	[pýɛs]
responder (vi, vt)	**përgjigjem**	[pərɟíɟɛm]

oír (vt)	**dëgjoj**	[dəɟój]
bien (adv)	**mirë**	[mírə]
mal (adv)	**jo mirë**	[jo mírə]
ruidos (m pl)	**zhurmë** (f)	[ʒúrmə]

auricular (m)	**marrës** (m)	[márəs]
descolgar (el teléfono)	**ngre telefonin**	[ŋré tɛlɛfónin]
colgar el auricular	**mbyll telefonin**	[mbýɫ tɛlɛfónin]

ocupado (adj)	**i zënë**	[i zénə]
sonar (teléfono)	**bie zilja**	[bíɛ zílja]
guía (f) de teléfonos	**numerator telefonik** (m)	[numɛratór tɛlɛfoník]

local (adj)	**lokale**	[lokálɛ]
llamada (f) local	**thirrje lokale** (f)	[θírjɛ lokálɛ]
de larga distancia	**distancë e largët**	[distántsə ɛ lárgət]
llamada (f) de larga distancia	**thirrje në distancë** (f)	[θírjɛ nə distántsə]

internacional (adj)	**ndërkombëtar**	[ndərkombətár]
llamada (f) internacional	**thirrje ndërkombëtare** (f)	[θírjɛ ndərkombətárɛ]

45. El teléfono celular

teléfono (m) móvil	**celular** (m)	[tsɛlulár]
pantalla (f)	**ekran** (m)	[ɛkrán]
botón (m)	**buton** (m)	[butón]
tarjeta SIM (f)	**karta SIM** (m)	[kárta sim]

pila (f)	**bateri** (f)	[batɛrí]
descargarse (vr)	**e shkarkuar**	[ɛ ʃkarkúar]
cargador (m)	**karikues** (m)	[karikúɛs]

menú (m)	**menu** (f)	[mɛnú]
preferencias (f pl)	**parametra** (f)	[paramétra]
melodía (f)	**melodi** (f)	[mɛlodí]
seleccionar (vt)	**përzgjedh**	[pərzɟéð]

calculadora (f)	**makinë llogaritëse** (f)	[makínə ɫogarítəsɛ]
contestador (m)	**postë zanore** (f)	[póstə zanórɛ]
despertador (m)	**alarm** (m)	[alárm]
contactos (m pl)	**kontakte** (pl)	[kontáktɛ]

mensaje (m) de texto	**SMS** (m)	[εsεmεs]
abonado (m)	**abonent** (m)	[abonént]

46. Los artículos de escritorio. La papelería

bolígrafo (m)	**stilolaps** (m)	[stiloláps]
pluma (f) estilográfica	**stilograf** (m)	[stilográf]

lápiz (m)	**laps** (m)	[láps]
marcador (m)	**shënjues** (m)	[ʃəɲúεs]
rotulador (m)	**tushë me bojë** (f)	[túʃə mε bójə]

bloc (m) de notas	**bllok shënimesh** (m)	[bɫók ʃənímεʃ]
agenda (f)	**agjendë** (f)	[aɟéndə]

regla (f)	**vizore** (f)	[vizórε]
calculadora (f)	**makinë llogaritëse** (f)	[makínə ɫogarítəsε]
goma (f) de borrar	**gomë** (f)	[gómə]
chincheta (f)	**pineskë** (f)	[pinéskə]
clip (m)	**kapëse fletësh** (f)	[kápəsε flétəʃ]

cola (f), pegamento (m)	**ngjitës** (m)	[ɲítəs]
grapadora (f)	**ngjitës metalik** (m)	[ɲítəs mεtalík]
perforador (m)	**hapës vrimash** (m)	[hápəs vrímaʃ]
sacapuntas (m)	**mprehëse lapsash** (m)	[mpréhəsε lápsaʃ]

47. Los idiomas extranjeros

lengua (f)	**gjuhë** (f)	[ɟúhə]
extranjero (adj)	**huaj**	[húaj]
lengua (f) extranjera	**gjuhë e huaj** (f)	[ɟúhə ε húaj]
estudiar (vt)	**studioj**	[studiój]
aprender (ingles, etc.)	**mësoj**	[məsój]

leer (vi, vt)	**lexoj**	[lεdzój]
hablar (vi, vt)	**flas**	[flas]
comprender (vt)	**kuptoj**	[kuptój]
escribir (vt)	**shkruaj**	[ʃkrúaj]

rápidamente (adv)	**shpejt**	[ʃpεjt]
lentamente (adv)	**ngadalë**	[ɲadálə]
con fluidez (adv)	**rrjedhshëm**	[rjéðʃəm]

reglas (f pl)	**rregullat** (pl)	[réguɫat]
gramática (f)	**gramatikë** (f)	[gramatíkə]
vocabulario (m)	**fjalor** (m)	[fjalór]
fonética (f)	**fonetikë** (f)	[fonεtíkə]
manual (m)	**tekst mësimor** (m)	[tεkst məsimór]

diccionario (m)	**fjalor** (m)	[fjalór]
manual (m) autodidáctico	**libër i mësimit autodidakt** (m)	[líbər i məsímit autodidákt]
guía (f) de conversación	**libër frazeologjik** (m)	[líbər frazɛoloɟík]
casete (m)	**kasetë** (f)	[kasétə]
videocasete (f)	**videokasetë** (f)	[vidɛokasétə]
disco compacto, CD (m)	**CD** (f)	[tsɛdé]
DVD (m)	**DVD** (m)	[dividí]
alfabeto (m)	**alfabet** (m)	[alfabét]
deletrear (vt)	**gërmëzoj**	[gərməzój]
pronunciación (f)	**shqiptim** (m)	[ʃciptím]
acento (m)	**aksent** (m)	[aksént]
con acento	**me aksent**	[mɛ aksént]
sin acento	**pa aksent**	[pa aksént]
palabra (f)	**fjalë** (f)	[fjálə]
significado (m)	**kuptim** (m)	[kuptím]
cursos (m pl)	**kurs** (m)	[kurs]
inscribirse (vr)	**regjistrohem**	[rɛɟistróhɛm]
profesor (m) (~ de inglés)	**mësues** (m)	[məsúɛs]
traducción (f) (proceso)	**përkthim** (m)	[pərkθím]
traducción (f) (texto)	**përkthim** (m)	[pərkθím]
traductor (m)	**përkthyes** (m)	[pərkθýɛs]
intérprete (m)	**përkthyes** (m)	[pərkθýɛs]
políglota (m)	**poliglot** (m)	[poliglót]
memoria (f)	**kujtesë** (f)	[kujtésə]

T&P BOOKS

LAS COMIDAS.
EL RESTAURANTE

T&P Books Publishing

48. Los cubiertos

cuchara (f)	lugë (f)	[lúgə]
cuchillo (m)	thikë (f)	[θíkə]
tenedor (m)	pirun (m)	[pirún]

taza (f)	filxhan (m)	[fildʒán]
plato (m)	pjatë (f)	[pjátə]
platillo (m)	pjatë filxhani (f)	[pjátə fildʒáni]
servilleta (f)	pecetë (f)	[pɛtsétə]
mondadientes (m)	kruajtëse dhëmbësh (f)	[krúajtəsɛ ðə́mbəʃ]

49. El restaurante

restaurante (m)	restorant (m)	[rɛstoránt]
cafetería (f)	kafene (f)	[kafɛné]
bar (m)	pab (m), pijetore (f)	[pab], [pijɛtórɛ]
salón (m) de té	çajtore (f)	[tʃajtórɛ]

camarero (m)	kamerier (m)	[kamɛriér]
camarera (f)	kameriere (f)	[kamɛriérɛ]
barman (m)	banakier (m)	[banakiér]
carta (f), menú (m)	menu (m)	[mɛnú]
carta (f) de vinos	menu verërash (f)	[mɛnú vérəraʃ]
reservar una mesa	rezervoj një tavolinë	[rɛzɛrvój ɲə tavolínə]

plato (m)	pjatë (f)	[pjátə]
pedir (vt)	porosis	[porosís]
hacer un pedido	bëj porosinë	[bəj porosínə]
aperitivo (m)	aperitiv (m)	[apɛritív]
entremés (m)	antipastë (f)	[antipástə]
postre (m)	ëmbëlsirë (f)	[əmbəlsírə]

cuenta (f)	faturë (f)	[fatúrə]
pagar la cuenta	paguaj faturën	[pagúaj fatúrən]
dar la vuelta	jap kusur	[jap kusúr]
propina (f)	bakshish (m)	[bakʃíʃ]

50. Las comidas

comida (f)	ushqim (m)	[uʃcím]
comer (vi, vt)	ha	[ha]

desayuno (m)	mëngjes (m)	[mənɟés]
desayunar (vi)	ha mëngjes	[ha mənɟés]
almuerzo (m)	drekë (f)	[drékə]
almorzar (vi)	ha drekë	[ha drékə]
cena (f)	darkë (f)	[dárkə]
cenar (vi)	ha darkë	[ha dárkə]

| apetito (m) | oreks (m) | [oréks] |
| ¡Que aproveche! | Të bëftë mirë! | [tə bəftə mírə!] |

abrir (vt)	hap	[hap]
derramar (líquido)	derdh	[dérð]
derramarse (líquido)	derdhje	[dérðjɛ]

hervir (vi)	ziej	[zíɛj]
hervir (vt)	ziej	[zíɛj]
hervido (agua ~a)	i zier	[i zíɛr]
enfriar (vt)	ftoh	[ftoh]
enfriarse (vr)	ftohje	[ftóhjɛ]

| sabor (m) | shije (f) | [ʃíjɛ] |
| regusto (m) | shije (f) | [ʃíjɛ] |

adelgazar (vi)	dobësohem	[dobəsóhɛm]
dieta (f)	dietë (f)	[diétə]
vitamina (f)	vitaminë (f)	[vitamínə]
caloría (f)	kalori (f)	[kalorí]
vegetariano (m)	vegjetarian (m)	[vɛɟɛtarián]
vegetariano (adj)	vegjetarian	[vɛɟɛtarián]

grasas (f pl)	yndyrë (f)	[yndýrə]
proteínas (f pl)	proteinë (f)	[protɛínə]
carbohidratos (m pl)	karbohidrat (m)	[karbohidrát]

loncha (f)	fetë (f)	[fétə]
pedazo (m)	copë (f)	[tsópə]
miga (f)	dromcë (f)	[drómtsə]

51. Los platos

plato (m)	pjatë (f)	[pjátə]
cocina (f)	kuzhinë (f)	[kuʒínə]
receta (f)	recetë (f)	[rɛtsétə]
porción (f)	racion (m)	[ratsión]

| ensalada (f) | sallatë (f) | [saɫátə] |
| sopa (f) | supë (f) | [súpə] |

| caldo (m) | lëng mishi (m) | [ləŋ míʃi] |
| bocadillo (m) | sandviç (m) | [sandvítʃ] |

huevos (m pl) fritos	**vezë të skuqura** (pl)	[vézə tə skúcura]
hamburguesa (f)	**hamburger**	[hamburgér]
bistec (m)	**biftek** (m)	[bifték]

guarnición (f)	**garniturë** (f)	[garnitúrə]
espagueti (m)	**shpageti** (pl)	[ʃpagéti]
puré (m) de patatas	**pure patatesh** (f)	[puré patátɛʃ]
pizza (f)	**pica** (f)	[pítsa]
gachas (f pl)	**qull** (m)	[cuɫ]
tortilla (f) francesa	**omëletë** (f)	[oməlétə]

cocido en agua (adj)	**i zier**	[i zíɛr]
ahumado (adj)	**i tymosur**	[i tymósur]
frito (adj)	**i skuqur**	[i skúcur]
seco (adj)	**i tharë**	[i θárə]
congelado (adj)	**i ngrirë**	[i ŋrírə]
marinado (adj)	**i marinuar**	[i marinúar]

azucarado, dulce (adj)	**i ëmbël**	[i ə́mbəl]
salado (adj)	**i kripur**	[i krípur]
frío (adj)	**i ftohtë**	[i ftóhtə]
caliente (adj)	**i nxehtë**	[i ndzéhtə]
amargo (adj)	**i hidhur**	[i híður]
sabroso (adj)	**i shijshëm**	[i ʃíʃəm]

cocer en agua	**ziej**	[zíɛj]
preparar (la cena)	**gatuaj**	[gatúaj]
freír (vt)	**skuq**	[skuc]
calentar (vt)	**ngroh**	[ŋróh]

salar (vt)	**hedh kripë**	[hɛð krípə]
poner pimienta	**hedh piper**	[hɛð pipér]
rallar (vt)	**rendoj**	[rɛndój]
piel (f)	**lëkurë** (f)	[ləkúrə]
pelar (vt)	**qëroj**	[cərój]

52. La comida

carne (f)	**mish** (m)	[miʃ]
gallina (f)	**pulë** (f)	[púlə]
pollo (m)	**mish pule** (m)	[miʃ púlɛ]
pato (m)	**rosë** (f)	[rósə]
ganso (m)	**patë** (f)	[pátə]
caza (f) menor	**gjah** (m)	[ɟáh]
pava (f)	**mish gjel deti** (m)	[miʃ ɟɛl déti]

carne (f) de cerdo	**mish derri** (m)	[miʃ déri]
carne (f) de ternera	**mish viçi** (m)	[miʃ vítʃi]
carne (f) de carnero	**mish qengji** (m)	[miʃ cénɟi]
carne (f) de vaca	**mish lope** (m)	[miʃ lópɛ]

conejo (m)	mish lepuri (m)	[miʃ lépuri]
salchichón (m)	salsiçe (f)	[salsítʃɛ]
salchicha (f)	salsiçe vjeneze (f)	[salsítʃɛ vjɛnézɛ]
beicon (m)	proshutë (f)	[proʃútə]
jamón (m)	sallam (m)	[saɫám]
jamón (m) fresco	kofshë derri (f)	[kófʃə déri]
paté (m)	pate (f)	[paté]
hígado (m)	mëlçi (f)	[məltʃí]
carne (f) picada	hamburger (m)	[hamburgér]
lengua (f)	gjuhë (f)	[ɟúhə]
huevo (m)	ve (f)	[vɛ]
huevos (m pl)	vezë (pl)	[vézə]
clara (f)	e bardhë veze (f)	[ɛ bárðə vézɛ]
yema (f)	e verdhë veze (f)	[ɛ vérðə vézɛ]
pescado (m).	peshk (m)	[pɛʃk]
mariscos (m pl)	fruta deti (pl)	[frúta déti]
crustáceos (m pl)	krustace (pl)	[krustátsɛ]
caviar (m)	havjar (m)	[havjár]
cangrejo (m) de mar	gaforre (f)	[gafórɛ]
camarón (m)	karkalec (m)	[karkaléts]
ostra (f)	midhje (f)	[míðjɛ]
langosta (f)	karavidhe (f)	[karavíðɛ]
pulpo (m)	oktapod (m)	[oktapód]
calamar (m)	kallamarë (f)	[kaɫamárə]
esturión (m)	bli (m)	[blí]
salmón (m)	salmon (m)	[salmón]
fletán (m)	shojzë e Atlantikut Verior (f)	[ʃójzə ɛ atlantíkut vɛriór]
bacalao (m)	merluc (m)	[mɛrlúts]
caballa (f)	skumbri (m)	[skúmbri]
atún (m)	tunë (f)	[túnə]
anguila (f)	ngjalë (f)	[ɲɟálə]
trucha (f)	troftë (f)	[tróftə]
sardina (f)	sardele (f)	[sardélɛ]
lucio (m)	mlysh (m)	[mlýʃ]
arenque (m)	harengë (f)	[haréɲə]
pan (m)	bukë (f)	[búkə]
queso (m)	djath (m)	[djáθ]
azúcar (m)	sheqer (m)	[ʃɛcér]
sal (f)	kripë (f)	[krípə]
arroz (m)	oriz (m)	[oríz]
macarrones (m pl)	makarona (f)	[makaróna]
tallarines (m pl)	makarona petë (f)	[makaróna pétə]

mantequilla (f)	gjalp (m)	[ɟalp]
aceite (m) vegetal	vaj vegjetal (m)	[vaj vɛɟɛtál]
aceite (m) de girasol	vaj luledielli (m)	[vaj lulɛdiéɬi]
margarina (f)	margarinë (f)	[margarínə]

| olivas, aceitunas (f pl) | ullinj (pl) | [uɬíɲ] |
| aceite (m) de oliva | vaj ulliri (m) | [vaj uɬíri] |

leche (f)	qumësht (m)	[cúməʃt]
leche (f) condensada	qumësht i kondensuar (m)	[cúməʃt i kondɛnsúar]
yogur (m)	kos (m)	[kos]
nata (f) agria	salcë kosi (f)	[sáltsə kosi]
nata (f) líquida	krem qumështi (m)	[krɛm cúməʃti]

| mayonesa (f) | majonezë (f) | [majonézə] |
| crema (f) de mantequilla | krem gjalpi (m) | [krɛm ɟálpi] |

cereales (m pl) integrales	drithëra (pl)	[dríθəra]
harina (f)	miell (m)	[míɛɬ]
conservas (f pl)	konserva (f)	[konsérva]

copos (m pl) de maíz	kornfleiks (m)	[kornfléiks]
miel (f)	mjaltë (f)	[mjáltə]
confitura (f)	reçel (m)	[rɛtʃél]
chicle (m)	çamçakëz (m)	[tʃamtʃakéz]

53. Las bebidas

agua (f)	ujë (m)	[újə]
agua (f) potable	ujë i pijshëm (m)	[újə i píjʃəm]
agua (f) mineral	ujë mineral (m)	[újə minɛrál]

sin gas	ujë natyral	[újə natyrál]
gaseoso (adj)	ujë i karbonuar	[újə i karbonúar]
con gas	ujë i gazuar	[újə i gazúar]
hielo (m)	akull (m)	[ákuɬ]
con hielo	me akull	[mɛ ákuɬ]

sin alcohol	jo alkoolik	[jo alkoolík]
bebida (f) sin alcohol	pije e lehtë (f)	[píjɛ ɛ léhtə]
refresco (m)	pije freskuese (f)	[píjɛ frɛskúɛsɛ]
limonada (f)	limonadë (f)	[limonádə]

bebidas (f pl) alcohólicas	likere (pl)	[likérɛ]
vino (m)	verë (f)	[vérə]
vino (m) blanco	verë e bardhë (f)	[vérə ɛ bárðə]
vino (m) tinto	verë e kuqe (f)	[vérə ɛ kúcɛ]

| licor (m) | liker (m) | [likér] |
| champaña (f) | shampanjë (f) | [ʃampáɲə] |

vermú (m)	vermut (m)	[vɛrmút]
whisky (m)	uiski (m)	[víski]
vodka (m)	vodkë (f)	[vódkə]
ginebra (f)	xhin (m)	[dʒin]
coñac (m)	konjak (m)	[koɲák]
ron (m)	rum (m)	[rum]

café (m)	kafe (f)	[káfɛ]
café (m) solo	kafe e zezë (f)	[káfɛ ɛ zézə]
café (m) con leche	kafe me qumësht (m)	[káfɛ mɛ cúməʃt]
capuchino (m)	kapuçino (m)	[kaputʃíno]
café (m) soluble	neskafe (f)	[nɛskáfɛ]

leche (f)	qumësht (m)	[cúməʃt]
cóctel (m)	koktej (m)	[koktéj]
batido (m)	milkshake (f)	[milkʃákɛ]

zumo (m), jugo (m)	lëng frutash (m)	[ləŋ frútaʃ]
jugo (m) de tomate	lëng domatesh (m)	[ləŋ domátɛʃ]
zumo (m) de naranja	lëng portokalli (m)	[ləŋ portokáɫi]
zumo (m) fresco	lëng frutash i freskët (m)	[ləŋ frútaʃ i fréskət]

cerveza (f)	birrë (f)	[bírə]
cerveza (f) rubia	birrë e lehtë (f)	[bírə ɛ léhtə]
cerveza (f) negra	birrë e zezë (f)	[bírə ɛ zézə]

té (m)	çaj (m)	[tʃáj]
té (m) negro	çaj i zi (m)	[tʃáj i zí]
té (m) verde	çaj jeshil (m)	[tʃáj jɛʃíl]

54. Las verduras

| legumbres (f pl) | perime (pl) | [pɛrímɛ] |
| verduras (f pl) | zarzavate (pl) | [zarzavátɛ] |

tomate (m)	domate (f)	[domátɛ]
pepino (m)	kastravec (m)	[kastravéts]
zanahoria (f)	karotë (f)	[karótə]
patata (f)	patate (f)	[patátɛ]
cebolla (f)	qepë (f)	[cépə]
ajo (m)	hudhër (f)	[húðər]

col (f)	lakër (f)	[lákər]
coliflor (f)	lulelakër (f)	[lulɛlákər]
col (f) de Bruselas	lakër Brukseli (f)	[lákər brukséli]
brócoli (m)	brokoli (m)	[brókoli]

remolacha (f)	panxhar (m)	[pandʒár]
berenjena (f)	patëllxhan (m)	[patəɫdʒán]
calabacín (m)	kungulleshë (m)	[kuɲuɫéʃə]

| calabaza (f) | **kungull** (m) | [kúŋuɫ] |
| nabo (m) | **rrepë** (f) | [répə] |

perejil (m)	**majdanoz** (m)	[majdanóz]
eneldo (m)	**kopër** (f)	[kópər]
lechuga (f)	**sallatë jeshile** (f)	[saɫátə jɛʃílɛ]
apio (m)	**selino** (f)	[sɛlíno]
espárrago (m)	**asparagus** (m)	[asparágus]
espinaca (f)	**spinaq** (m)	[spinác]

guisante (m)	**bizele** (f)	[bizélɛ]
habas (f pl)	**fasule** (f)	[fasúlɛ]
maíz (m)	**misër** (m)	[mísər]
fréjol (m)	**groshë** (f)	[gróʃə]

pimiento (m) dulce	**spec** (m)	[spɛts]
rábano (m)	**rrepkë** (f)	[répkə]
alcachofa (f)	**angjinare** (f)	[aɲʝinárɛ]

55. Las frutas. Las nueces

fruto (m)	**frut** (m)	[frut]
manzana (f)	**mollë** (f)	[móɫə]
pera (f)	**dardhë** (f)	[dárðə]
limón (m)	**limon** (m)	[limón]
naranja (f)	**portokall** (m)	[portokáɫ]
fresa (f)	**luleshtrydhe** (f)	[lulɛʃtrýðɛ]

mandarina (f)	**mandarinë** (f)	[mandarínə]
ciruela (f)	**kumbull** (f)	[kúmbuɫ]
melocotón (m)	**pjeshkë** (f)	[pjéʃkə]
albaricoque (m)	**kajsi** (f)	[kajsí]
frambuesa (f)	**mjedër** (f)	[mjédər]
piña (f)	**ananas** (m)	[ananás]

banana (f)	**banane** (f)	[banánɛ]
sandía (f)	**shalqi** (m)	[ʃalcí]
uva (f)	**rrush** (m)	[ruʃ]
guinda (f)	**qershi vishnje** (f)	[cɛrʃí víʃɲɛ]
cereza (f)	**qershi** (f)	[cɛrʃí]
melón (m)	**pjepër** (m)	[pjépər]

pomelo (m)	**grejpfrut** (m)	[grɛjpfrút]
aguacate (m)	**avokado** (f)	[avokádo]
papaya (f)	**papaja** (f)	[papája]
mango (m)	**mango** (f)	[máŋo]
granada (f)	**shegë** (f)	[ʃégə]

| grosella (f) roja | **kaliboba e kuqe** (f) | [kalibóba ɛ kúcɛ] |
| grosella (f) negra | **kaliboba e zezë** (f) | [kalibóba ɛ zézə] |

grosella (f) espinosa   **kulumbri** (f)   [kulumbrí]
arándano (m)   **boronicë** (f)   [boronítsə]
zarzamoras (f pl)   **manaferra** (f)   [manaféra]

pasas (f pl)   **rrush i thatë** (m)   [ruʃ i θátə]
higo (m)   **fik** (m)   [fik]
dátil (m)   **hurmë** (f)   [húrmə]

cacahuete (m)   **kikirik** (m)   [kikirík]
almendra (f)   **bajame** (f)   [bajámɛ]
nuez (f)   **arrë** (f)   [árə]
avellana (f)   **lajthi** (f)   [lajθí]
nuez (f) de coco   **arrë kokosi** (f)   [árə kokósi]
pistachos (m pl)   **fëstëk** (m)   [fəsték]

56. El pan. Los dulces

pasteles (m pl)   **ëmbëlsira** (pl)   [əmbəlsíra]
pan (m)   **bukë** (f)   [búkə]
galletas (f pl)   **biskota** (pl)   [biskóta]

chocolate (m)   **çokollatë** (f)   [tʃokołátə]
de chocolate (adj)   **prej çokollate**   [prɛj tʃokołátɛ]
caramelo (m)   **karamele** (f)   [karamélɛ]
tarta (f) (pequeña)   **kek** (m)   [kék]
tarta (f) (~ de cumpleaños)   **tortë** (f)   [tórtə]

tarta (f) (~ de manzana)   **tortë** (f)   [tórtə]
relleno (m)   **mbushje** (f)   [mbúʃjɛ]

confitura (f)   **reçel** (m)   [rɛtʃél]
mermelada (f)   **marmelatë** (f)   [marmɛlátə]
gofre (m)   **vafera** (pl)   [vaféra]
helado (m)   **akullore** (f)   [akułórɛ]
pudin (m)   **puding** (m)   [pudíŋ]

57. Las especias

sal (f)   **kripë** (f)   [krípə]
salado (adj)   **i kripur**   [i krípuɾ]
salar (vt)   **hedh kripë**   [hɛð krípə]

pimienta (f) negra   **piper i zi** (m)   [pipér i zi]
pimienta (f) roja   **piper i kuq** (m)   [pipér i kuc]
mostaza (f)   **mustardë** (f)   [mustárdə]
rábano (m) picante   **rrepë djegëse** (f)   [répə djégəsɛ]
condimento (m)   **salcë** (f)   [sáltsə]
especia (f)   **erëz** (f)   [érəz]

salsa (f)	**salcë** (f)	[sáltsə]
vinagre (m)	**uthull** (f)	[úθuɬ]
anís (m)	**anisetë** (f)	[anisétə]
albahaca (f)	**borzilok** (m)	[borzilók]
clavo (m)	**karafil** (m)	[karafíl]
jengibre (m)	**xhenxhefil** (m)	[dʒendʒefíl]
cilantro (m)	**koriandër** (m)	[koriándər]
canela (f)	**kanellë** (f)	[kanéɫə]
sésamo (m)	**susam** (m)	[susám]
hoja (f) de laurel	**gjeth dafine** (m)	[ɟɛθ dafínɛ]
paprika (f)	**spec** (m)	[spɛts]
comino (m)	**kumin** (m)	[kumín]
azafrán (m)	**shafran** (m)	[ʃafrán]

LA INFORMACIÓN
PERSONAL. LA FAMILIA

T&P Books Publishing

nombre (m)	emër (m)	[émər]
apellido (m)	mbiemër (m)	[mbiémər]
fecha (f) de nacimiento	datëlindje (f)	[datəlíndjɛ]
lugar (m) de nacimiento	vendlindje (f)	[vɛndlíndjɛ]
nacionalidad (f)	kombësi (f)	[kombəsí]
domicilio (m)	vendbanim (m)	[vɛndbaním]
país (m)	shtet (m)	[ʃtɛt]
profesión (f)	profesion (m)	[profɛsión]
sexo (m)	gjinia (f)	[ɟinía]
estatura (f)	gjatësia (f)	[ɟatəsía]
peso (m)	peshë (f)	[péʃə]

madre (f)	nënë (f)	[nénə]
padre (m)	baba (f)	[babá]
hijo (m)	bir (m)	[bir]
hija (f)	bijë (f)	[bíjə]
hija (f) menor	vajza e vogël (f)	[vájza ɛ vógəl]
hijo (m) menor	djali i vogël (m)	[djáli i vógəl]
hija (f) mayor	vajza e madhe (f)	[vájza ɛ máðɛ]
hijo (m) mayor	djali i vogël (m)	[djáli i vógəl]
hermano (m)	vëlla (m)	[vəɫá]
hermano (m) mayor	vëllai i madh (m)	[vəɫái i mað]
hermano (m) menor	vëllai i vogël (m)	[vəɫai i vógəl]
hermana (f)	motër (f)	[mótər]
hermana (f) mayor	motra e madhe (f)	[mótra ɛ máðɛ]
hermana (f) menor	motra e vogël (f)	[mótra ɛ vógəl]
primo (m)	kushëri (m)	[kuʃərí]
prima (f)	kushërirë (f)	[kuʃərírə]
mamá (f)	mami (f)	[mámi]
papá (m)	babi (m)	[bábi]
padres (pl)	prindër (pl)	[príndər]
niño -a (m, f)	fëmijë (f)	[fəmíjə]
niños (pl)	fëmijë (pl)	[fəmíjə]
abuela (f)	gjyshe (f)	[ɟýʃɛ]

abuelo (m)	gjysh (m)	[ɟyʃ]
nieto (m)	nip (m)	[nip]
nieta (f)	mbesë (f)	[mbésə]
nietos (pl)	nipër e mbesa (pl)	[nípər ɛ mbésa]

tío (m)	dajë (f)	[dájə]
tía (f)	teze (f)	[tézɛ]
sobrino (m)	nip (m)	[nip]
sobrina (f)	mbesë (f)	[mbésə]

suegra (f)	vjehrrë (f)	[vjéhrə]
suegro (m)	vjehrri (m)	[vjéhri]
yerno (m)	dhëndër (m)	[ðə́ndər]
madrastra (f)	njerkë (f)	[ɲérkə]
padrastro (m)	njerk (m)	[ɲérk]

niño (m) de pecho	foshnjë (f)	[fóʃnə]
bebé (m)	fëmijë (f)	[fəmíjə]
chico (m)	djalosh (m)	[djalóʃ]

mujer (f)	bashkëshorte (f)	[baʃkəʃórtɛ]
marido (m)	bashkëshort (m)	[baʃkəʃórt]
esposo (m)	bashkëshort (m)	[baʃkəʃórt]
esposa (f)	bashkëshorte (f)	[baʃkəʃórtɛ]

casado (adj)	i martuar	[i martúar]
casada (adj)	e martuar	[ɛ martúar]
soltero (adj)	beqar	[bɛcár]
soltero (m)	beqar (m)	[bɛcár]
divorciado (adj)	i divorcuar	[i divortsúar]
viuda (f)	vejushë (f)	[vɛjúʃə]
viudo (m)	vejan (m)	[vɛján]

pariente (m)	kushëri (m)	[kuʃərí]
pariente (m) cercano	kushëri i afërt (m)	[kuʃərí i áfərt]
pariente (m) lejano	kushëri i largët (m)	[kuʃərí i lárgət]
parientes (pl)	kushërinj (pl)	[kuʃəríɲ]

huérfano (m)	jetim (m)	[jɛtím]
huérfana (f)	jetime (f)	[jɛtímɛ]
tutor (m)	kujdestar (m)	[kujdɛstár]
adoptar (un niño)	adoptoj	[adoptój]
adoptar (una niña)	adoptoj	[adoptój]

60. Los amigos. Los compañeros del trabajo

amigo (m)	mik (m)	[mik]
amiga (f)	mike (f)	[míkɛ]
amistad (f)	miqësi (f)	[micəsí]
ser amigo	të miqësohem	[tə micəsóhɛm]

amigote (m)	**shok** (m)	[ʃok]
amiguete (f)	**shoqe** (f)	[ʃócɛ]
compañero (m)	**partner** (m)	[partnér]

jefe (m)	**shef** (m)	[ʃɛf]
superior (m)	**epror** (m)	[ɛprór]
propietario (m)	**pronar** (m)	[pronár]
subordinado (m)	**vartës** (m)	[vártəs]
colega (m, f)	**koleg** (m)	[kolég]

conocido (m)	**i njohur** (m)	[i ɲóhur]
compañero (m) de viaje	**bashkudhëtar** (m)	[baʃkuðətár]
condiscípulo (m)	**shok klase** (m)	[ʃok klásɛ]

vecino (m)	**komshi** (m)	[komʃí]
vecina (f)	**komshike** (f)	[komʃíkɛ]
vecinos (pl)	**komshinj** (pl)	[komʃíɲ]

EL CUERPO. LA MEDICINA

T&P Books Publishing

cabeza (f)	**kokë** (f)	[kókə]
cara (f)	**fytyrë** (f)	[fytýrə]
nariz (f)	**hundë** (f)	[húndə]
boca (f)	**gojë** (f)	[gójə]
ojo (m)	**sy** (m)	[sy]
ojos (m pl)	**sytë**	[sýtə]
pupila (f)	**bebëz** (f)	[bébəz]
ceja (f)	**vetull** (f)	[vétuɫ]
pestaña (f)	**qerpik** (m)	[cɛrpík]
párpado (m)	**qepallë** (f)	[cɛpáɫə]
lengua (f)	**gjuhë** (f)	[ɟúhə]
diente (m)	**dhëmb** (m)	[ðəmb]
labios (m pl)	**buzë** (f)	[búzə]
pómulos (m pl)	**mollëza** (f)	[móɫəza]
encía (f)	**mishrat e dhëmbëve**	[míʃrat ɛ ðəmbəvɛ]
paladar (m)	**qiellzë** (f)	[ciéɫzə]
ventanas (f pl)	**vrimat e hundës** (pl)	[vrímat ɛ húndəs]
mentón (m)	**mjekër** (f)	[mjékər]
mandíbula (f)	**nofull** (f)	[nófuɫ]
mejilla (f)	**faqe** (f)	[fácɛ]
frente (f)	**ball** (m)	[báɫ]
sien (f)	**tëmth** (m)	[təmθ]
oreja (f)	**vesh** (m)	[vɛʃ]
nuca (f)	**zverk** (m)	[zvɛrk]
cuello (m)	**qafë** (f)	[cáfə]
garganta (f)	**fyt** (m)	[fyt]
pelo, cabello (m)	**flokë** (pl)	[flókə]
peinado (m)	**model flokësh** (m)	[modél flókəʃ]
corte (m) de pelo	**prerje flokësh** (f)	[prérjɛ flókəʃ]
peluca (f)	**paruke** (f)	[parúkɛ]
bigote (m)	**mustaqe** (f)	[mustácɛ]
barba (f)	**mjekër** (f)	[mjékər]
tener (~ la barba)	**lë mjekër**	[lə mjékər]
trenza (f)	**gërshet** (m)	[gərʃét]
patillas (f pl)	**baseta** (f)	[baséta]
pelirrojo (adj)	**flokëkuqe**	[flokəkúcɛ]
gris, canoso (adj)	**thinja**	[θíɲa]

| calvo (adj) | qeros | [cɛrós] |
| calva (f) | tullë (f) | [túʰə] |

| cola (f) de caballo | bishtalec (m) | [biʃtaléts] |
| flequillo (m) | balluke (f) | [baʰúkɛ] |

62. El cuerpo

| mano (f) | dorë (f) | [dórə] |
| brazo (m) | krah (m) | [krah] |

dedo (m)	gisht i dorës (m)	[gíʃt i dórəs]
dedo (m) del pie	gisht i këmbës (m)	[gíʃt i kə́mbəs]
dedo (m) pulgar	gishti i madh (m)	[gíʃti i máð]
dedo (m) meñique	gishti i vogël (m)	[gíʃti i vógəl]
uña (f)	thua (f)	[θúa]

puño (m)	grusht (m)	[grúʃt]
palma (f)	pëllëmbë dore (f)	[pəʰə́mbə dórɛ]
muñeca (f)	kyç (m)	[kytʃ]
antebrazo (m)	parakrah (m)	[parakráh]
codo (m)	bërryl (m)	[bərýl]
hombro (m)	shpatull (f)	[ʃpátuʰ]

pierna (f)	këmbë (f)	[kə́mbə]
planta (f)	shputë (f)	[ʃpútə]
rodilla (f)	gju (m)	[ʝú]
pantorrilla (f)	pulpë (f)	[púlpə]

| cadera (f) | ijë (f) | [íjə] |
| talón (m) | thembër (f) | [θémbər] |

cuerpo (m)	trup (m)	[trup]
vientre (m)	stomak (m)	[stomák]
pecho (m)	kraharor (m)	[kraharór]
зено (ιιι)	gjoks (m)	[ʝóks]
lado (m), costado (m)	krah (m)	[krah]
espalda (f)	kurriz (m)	[kuríz]

| zona (f) lumbar | fundshpina (f) | [fundʃpína] |
| cintura (f), talle (m) | beli (m) | [béli] |

ombligo (m)	kërthizë (f)	[kərθízə]
nalgas (f pl)	vithe (f)	[víθɛ]
trasero (m)	prapanica (f)	[prapanítsa]

lunar (m)	nishan (m)	[niʃán]
marca (f) de nacimiento	shenjë lindjeje (f)	[ʃéɲə líndjɛjɛ]
tatuaje (m)	tatuazh (m)	[tatuáʒ]
cicatriz (f)	shenjë (f)	[ʃéɲə]

63. Las enfermedades

enfermedad (f)	sëmundje (f)	[səmúndjɛ]
estar enfermo	jam sëmurë	[jam səmúrə]
salud (f)	shëndet (m)	[ʃəndét]
resfriado (m) (coriza)	rrifë (f)	[rífə]
angina (f)	grykët (m)	[grýkət]
resfriado (m)	ftohje (f)	[ftóhjɛ]
resfriarse (vr)	ftohem	[ftóhɛm]
bronquitis (f)	bronkit (m)	[bronkít]
pulmonía (f)	pneumoni (f)	[pnɛumoní]
gripe (f)	grip (m)	[grip]
miope (adj)	miop	[mióp]
présbita (adj)	presbit	[prɛsbít]
estrabismo (m)	strabizëm (m)	[strabízəm]
estrábico (m) (adj)	strabik	[strabík]
catarata (f)	katarakt (m)	[katarákt]
glaucoma (m)	glaukoma (f)	[glaukóma]
insulto (m)	goditje (f)	[godítjɛ]
ataque (m) cardiaco	sulm në zemër (m)	[sulm nə zémər]
infarto (m) de miocardio	infarkt miokardiak (m)	[infárkt miokardiák]
parálisis (f)	paralizë (f)	[paralízə]
paralizar (vt)	paralizoj	[paralizój]
alergia (f)	alergji (f)	[alɛɹʝí]
asma (f)	astmë (f)	[ástmə]
diabetes (f)	diabet (m)	[diabét]
dolor (m) de muelas	dhimbje dhëmbi (f)	[ðímbjɛ ðémbi]
caries (f)	karies (m)	[kariés]
diarrea (f)	diarre (f)	[diaré]
estreñimiento (m)	kapsllëk (m)	[kapsɬék]
molestia (f) estomacal	dispepsi (f)	[dispɛpsí]
envenenamiento (m)	helmim (m)	[hɛlmím]
envenenarse (vr)	helmohem nga ushqimi	[hɛlmóhɛm ŋa uʃcími]
artritis (f)	artrit (m)	[artrít]
raquitismo (m)	rakit (m)	[rakít]
reumatismo (m)	reumatizëm (m)	[rɛumatízəm]
ateroesclerosis (f)	arteriosklerozë (f)	[artɛriosklɛrózə]
gastritis (f)	gastrit (m)	[gastrít]
apendicitis (f)	apendicit (m)	[apɛnditsít]
colecistitis (f)	kolecistit (m)	[kolɛtsistít]
úlcera (f)	ulcerë (f)	[ultsérə]
sarampión (m)	fruth (m)	[fruθ]

rubeola (f)	**rubeola** (f)	[rubɛóla]
ictericia (f)	**verdhëza** (f)	[vérðəza]
hepatitis (f)	**hepatit** (m)	[hɛpatít]

esquizofrenia (f)	**skizofreni** (f)	[skizofrɛní]
rabia (f) (hidrofobia)	**sëmundje e tërbimit** (f)	[səmúndjɛ ɛ tərbímit]
neurosis (f)	**neurozë** (f)	[nɛurózə]
conmoción (f) cerebral	**tronditje** (f)	[trondítjɛ]

cáncer (m)	**kancer** (m)	[kantsér]
esclerosis (f)	**sklerozë** (f)	[sklɛrózə]
esclerosis (m) múltiple	**sklerozë e shumëfishtë** (f)	[sklɛrózə ɛ ʃuməfíʃtə]

alcoholismo (m)	**alkoolizëm** (m)	[alkoolízəm]
alcohólico (m)	**alkoolik** (m)	[alkoolík]
sífilis (f)	**sifiliz** (m)	[sifilíz]
SIDA (m)	**SIDA** (f)	[sída]

tumor (m)	**tumor** (m)	[tumór]
maligno (adj)	**malinj**	[malíɲ]
benigno (adj)	**beninj**	[bɛníɲ]

fiebre (f)	**ethe** (f)	[éθɛ]
malaria (f)	**malarie** (f)	[malaríɛ]
gangrena (f)	**gangrenë** (f)	[gaŋrénə]
mareo (m)	**sëmundje deti** (f)	[səmúndjɛ déti]
epilepsia (f)	**epilepsi** (f)	[ɛpilɛpsí]

epidemia (f)	**epidemi** (f)	[ɛpidɛmí]
tifus (m)	**tifo** (f)	[tífo]
tuberculosis (f)	**tuberkuloz** (f)	[tubɛrkulóz]
cólera (f)	**kolerë** (f)	[kolérə]
peste (f)	**murtaja** (f)	[murtája]

64. Los síntomas. Los tratamientos. Unidad 1

síntoma (m)	**simptomë** (f)	[simptómə]
temperatura (f)	**temperaturë** (f)	[tɛmpɛratúrə]
fiebre (f)	**temperaturë e lartë** (f)	[tɛmpɛratúrə ɛ lártə]
pulso (m)	**puls** (m)	[puls]

mareo (m) (vértigo)	**marrje mendsh** (m)	[márjɛ méndʃ]
caliente (adj)	**i nxehtë**	[i ndzéhtə]
escalofrío (m)	**drithërima** (f)	[driθəríma]
pálido (adj)	**i zbehur**	[i zbéhur]

tos (f)	**kollë** (f)	[kóɫə]
toser (vi)	**kollitem**	[koɫítɛm]
estornudar (vi)	**teshtij**	[tɛʃtíj]
desmayo (m)	**të fikët** (f)	[tə fíkət]

desmayarse (vr)	bie të fikët	[bíɛ tə fíkət]
moradura (f)	mavijosje (f)	[mavijósjɛ]
chichón (m)	gungë (f)	[gúŋə]
golpearse (vr)	godas	[godás]
magulladura (f)	lëndim (m)	[ləndím]
magullarse (vr)	lëndohem	[ləndóhɛm]

cojear (vi)	çaloj	[tʃalój]
dislocación (f)	dislokim (m)	[dislokím]
dislocar (vt)	del nga vendi	[dɛl ŋa véndi]
fractura (f)	thyerje (f)	[θýɛrjɛ]
tener una fractura	thyej	[θýɛj]

corte (m) (tajo)	e prerë (f)	[ɛ prérə]
cortarse (vr)	pres veten	[prɛs vétɛn]
hemorragia (f)	rrjedhje gjaku (f)	[rjéðjɛ ɟáku]

| quemadura (f) | djegie (f) | [djégiɛ] |
| quemarse (vr) | digjem | [díɟɛm] |

pincharse (~ el dedo)	shpoj	[ʃpoj]
pincharse (vr)	shpohem	[ʃpóhɛm]
herir (vt)	dëmtoj	[dəmtój]
herida (f)	dëmtim (m)	[dəmtím]
lesión (f) (herida)	plagë (f)	[plágə]
trauma (m)	traumë (f)	[traúmə]

delirar (vi)	fol përçart	[fól pərtʃárt]
tartamudear (vi)	belbëzoj	[bɛlbəzój]
insolación (f)	pikë e diellit (f)	[píkə ɛ diéɫit]

65. Los síntomas. Los tratamientos. Unidad 2

| dolor (m) | dhimbje (f) | [ðímbjɛ] |
| astilla (f) | cifël (f) | [tsífəl] |

sudor (m)	djersë (f)	[djérsə]
sudar (vi)	djersij	[djɛrsíj]
vómito (m)	të vjella (f)	[tə vjéɫa]
convulsiones (f pl)	konvulsione (f)	[konvulsiónɛ]

embarazada (adj)	shtatzënë	[ʃtatzénə]
nacer (vi)	lind	[lind]
parto (m)	lindje (f)	[líndjɛ]
dar a luz	sjell në jetë	[sjɛɫ nə jétə]
aborto (m)	abort (m)	[abórt]

respiración (f)	frymëmarrje (f)	[fryməmárjɛ]
inspiración (f)	mbajtje e frymës (f)	[mbájtjɛ ɛ frýməs]
espiración (f)	lëshim i frymës (m)	[ləʃím i frýməs]

| espirar (vi) | nxjerr frymën | [ndzjér frýmən] |
| inspirar (vi) | marr frymë | [mar frýmə] |

inválido (m)	invalid (m)	[invalíd]
mutilado (m)	i gjymtuar (m)	[i ɟymtúar]
drogadicto (m)	narkoman (m)	[narkomán]

sordo (adj)	shurdh	[ʃurð]
mudo (adj)	memec	[mɛméts]
sordomudo (adj)	shurdh-memec	[ʃurð-mɛméts]

loco (adj)	i marrë	[i márə]
loco (m)	i çmendur (m)	[i tʃméndur]
loca (f)	e çmendur (f)	[ɛ tʃméndur]
volverse loco	çmendem	[tʃméndɛm]

gen (m)	gen (m)	[gɛn]
inmunidad (f)	imunitet (m)	[imunitét]
hereditario (adj)	e trashëguar	[ɛ traʃəgúar]
de nacimiento (adj)	e lindur	[ɛ líndur]

virus (m)	virus (m)	[virús]
microbio (m)	mikrob (m)	[mikrób]
bacteria (f)	bakterie (f)	[baktériɛ]
infección (f)	infeksion (m)	[infɛksión]

66. Los síntomas. Los tratamientos. Unidad 3

| hospital (m) | spital (m) | [spitál] |
| paciente (m) | pacient (m) | [patsiént] |

diagnosis (f)	diagnozë (f)	[diagnózə]
cura (f)	kurë (f)	[kúrə]
tratamiento (m)	trajtim mjekësor (m)	[trajtím mjɛkəsór]
curarse (vr)	kurohem	[kuróhɛm]
tratar (vt)	kuroj	[kuró]]
cuidar (a un enfermo)	kujdesem	[kujdésɛm]
cuidados (m pl)	kujdes (m)	[kujdés]

operación (f)	operacion (m)	[opɛratsión]
vendar (vt)	fashoj	[faʃój]
vendaje (m)	fashim (m)	[faʃím]

vacunación (f)	vaksinim (m)	[vaksiním]
vacunar (vt)	vaksinoj	[vaksinój]
inyección (f)	injeksion (m)	[iɲɛksión]
aplicar una inyección	bëj injeksion	[bəj iɲɛksíon]

| ataque (m) | atak (m) | [aták] |
| amputación (f) | amputim (m) | [amputím] |

amputar (vt)	**amputoj**	[amputój]
coma (m)	**komë** (f)	[kómə]
estar en coma	**jam në komë**	[jam nə kómə]
revitalización (f)	**kujdes intensiv** (m)	[kujdés intɛnsív]
recuperarse (vr)	**shërohem**	[ʃəróhɛm]
estado (m) (de salud)	**gjendje** (f)	[ɟéndjɛ]
consciencia (f)	**vetëdije** (f)	[vɛtədíjɛ]
memoria (f)	**kujtesë** (f)	[kujtésə]
extraer (un diente)	**heq**	[hɛc]
empaste (m)	**mbushje** (f)	[mbúʃjɛ]
empastar (vt)	**mbush**	[mbúʃ]
hipnosis (f)	**hipnozë** (f)	[hipnózə]
hipnotizar (vt)	**hipnotizim**	[hipnotizím]

67. La medicina. Las drogas. Los accesorios

medicamento (m), droga (f)	**ilaç** (m)	[ilátʃ]
remedio (m)	**mjekim** (m)	[mjɛkím]
prescribir (vt)	**shkruaj recetë**	[ʃkrúaj rɛtsétə]
receta (f)	**recetë** (f)	[rɛtsétə]
tableta (f)	**pilulë** (f)	[pilúlə]
ungüento (m)	**krem** (m)	[krɛm]
ampolla (f)	**ampulë** (f)	[ampúlə]
mixtura (f), mezcla (f)	**përzierje** (f)	[pərzíɛrjɛ]
sirope (m)	**shurup** (m)	[ʃurúp]
píldora (f)	**pilulë** (f)	[pilúlə]
polvo (m)	**pudër** (f)	[púdər]
venda (f)	**fashë garze** (f)	[faʃə gárzɛ]
algodón (m) (discos de ~)	**pambuk** (m)	[pambúk]
yodo (m)	**jod** (m)	[jod]
tirita (f), curita (f)	**leukoplast** (m)	[lɛukoplást]
pipeta (f)	**pikatore** (f)	[pikatórɛ]
termómetro (m)	**termometër** (m)	[tɛrmométər]
jeringa (f)	**shiringë** (f)	[ʃíríŋə]
silla (f) de ruedas	**karrocë me rrota** (f)	[karótsə mɛ róta]
muletas (f pl)	**paterica** (f)	[patɛrítsa]
anestésico (m)	**qetësues** (m)	[cɛtəsúɛs]
purgante (m)	**laksativ** (m)	[laksatív]
alcohol (m)	**alkool dezinfektues** (m)	[alkoól dɛzinfɛktúɛs]
hierba (f) medicinal	**bimë mjekësore** (f)	[bímə mjɛkəsórɛ]
de hierbas (té ~)	**çaj bimor**	[tʃáj bimór]

EL APARTAMENTO

T&P Books Publishing

68. El apartamento

apartamento (m)	**apartament** (m)	[apartamént]
habitación (f)	**dhomë** (f)	[ðómə]
dormitorio (m)	**dhomë gjumi** (f)	[ðómə ɟúmi]
comedor (m)	**dhomë ngrënie** (f)	[ðómə ŋrəníɛ]
salón (m)	**dhomë ndeje** (f)	[ðómə ndéjɛ]
despacho (m)	**dhomë pune** (f)	[ðómə púnɛ]

antecámara (f)	**hyrje** (f)	[hýrjɛ]
cuarto (m) de baño	**banjo** (f)	[báɲo]
servicio (m)	**tualet** (m)	[tualét]

techo (m)	**tavan** (m)	[taván]
suelo (m)	**dysheme** (f)	[dyʃɛmé]
rincón (m)	**qoshe** (f)	[cóʃɛ]

69. Los muebles. El interior

muebles (m pl)	**orendi** (f)	[orɛndí]
mesa (f)	**tryezë** (f)	[tryézə]
silla (f)	**karrige** (f)	[karígɛ]
cama (f)	**shtrat** (m)	[ʃtrat]
sofá (m)	**divan** (m)	[diván]
sillón (m)	**kolltuk** (m)	[koɫtúk]

| librería (f) | **raft librash** (m) | [ráft líbraʃ] |
| estante (m) | **sergjen** (m) | [sɛɟén] |

armario (m)	**gardërobë** (f)	[gardəróbə]
percha (f)	**varëse** (f)	[várəsɛ]
perchero (m) de pie	**varëse xhaketash** (f)	[várəsɛ dʒakétaʃ]

| cómoda (f) | **komodë** (f) | [komódə] |
| mesa (f) de café | **tryezë e ulët** (f) | [tryézə ɛ úlət] |

espejo (m)	**pasqyrë** (f)	[pascýrə]
tapiz (m)	**qilim** (m)	[cilím]
alfombra (f)	**tapet** (m)	[tapét]

chimenea (f)	**oxhak** (m)	[odʒák]
vela (f)	**qiri** (m)	[círi]
candelero (m)	**shandan** (m)	[ʃandán]
cortinas (f pl)	**perde** (f)	[pérdɛ]

| empapelado (m) | tapiceri (f) | [tapitsɛrí] |
| estor (m) de láminas | grila (f) | [gríla] |

lámpara (f) de mesa	llambë tavoline (f)	[łámbə tavolínɛ]
aplique (m)	llambadar muri (m)	[łambadár múri]
lámpara (f) de pie	llambadar (m)	[łambadár]
lámpara (f) de araña	llambadar (m)	[łambadár]

pata (f) (~ de la mesa)	këmbë (f)	[kémbə]
brazo (m)	mbështetëse krahu (f)	[mbəʃtétəsɛ kráhu]
espaldar (m)	mbështetëse (f)	[mbəʃtétəsɛ]
cajón (m)	sirtar (m)	[sirtár]

70. Los accesorios de cama

ropa (f) de cama	çarçafë (pl)	[tʃartʃáfə]
almohada (f)	jastëk (m)	[jasték]
funda (f)	këllëf jastëku (m)	[kəłéf jastéku]
manta (f)	jorgan (m)	[jorgán]
sábana (f)	çarçaf (m)	[tʃartʃáf]
sobrecama (f)	mbulesë (f)	[mbulésə]

71. La cocina

cocina (f)	kuzhinë (f)	[kuʒínə]
gas (m)	gaz (m)	[gaz]
cocina (f) de gas	sobë me gaz (f)	[sóbə mɛ gaz]
cocina (f) eléctrica	sobë elektrike (f)	[sóbə ɛlɛktríkɛ]
horno (m)	furrë (f)	[fúrə]
horno (m) microondas	mikrovalë (f)	[mikroválə]

frigorífico (m)	frigorifer (m)	[frigorifér]
congelador (m)	frigorifer (m)	[frigorifér]
lavavajillas (m)	pjatalarëse (f)	[pjatalárəsɛ]

picadora (f) de carne	grirëse mishi (f)	[grírəsɛ míʃi]
exprimidor (m)	shtrydhëse frutash (f)	[ʃtrýðəsɛ frútaʃ]
tostador (m)	toster (m)	[tostér]
batidora (f)	mikser (m)	[miksér]

cafetera (f) (aparato de cocina)	makinë kafeje (f)	[makínə kaféjɛ]
cafetera (f) (para servir)	kafetierë (f)	[kafɛtiérə]
molinillo (m) de café	mulli kafeje (f)	[mułí káfɛjɛ]

hervidor (m) de agua	çajnik (m)	[tʃajník]
tetera (f)	çajnik (m)	[tʃajník]
tapa (f)	kapak (m)	[kapák]

colador (m) de té	sitë çaji (f)	[sítə tʃáji]
cuchara (f)	lugë (f)	[lúgə]
cucharilla (f)	lugë çaji (f)	[lúgə tʃáji]
cuchara (f) de sopa	lugë gjelle (f)	[lúgə ɟétɛ]
tenedor (m)	pirun (m)	[pirún]
cuchillo (m)	thikë (f)	[θíkə]

vajilla (f)	enë kuzhine (f)	[énə kuʒínɛ]
plato (m)	pjatë (f)	[pjátə]
platillo (m)	pjatë filxhani (f)	[pjátə fildʒáni]

vaso (m) de chupito	potir (m)	[potír]
vaso (m) (~ de agua)	gotë (f)	[gótə]
taza (f)	filxhan (m)	[fildʒán]

azucarera (f)	tas për sheqer (m)	[tas pər ʃɛcér]
salero (m)	kripore (f)	[kripórɛ]
pimentero (m)	enë piperi (f)	[énə pipéri]
mantequera (f)	pjatë gjalpi (f)	[pjátə ɟálpi]

cacerola (f)	tenxhere (f)	[tɛndʒérɛ]
sartén (f)	tigan (m)	[tigán]
cucharón (m)	garuzhdë (f)	[garúʒdə]
colador (m)	kullesë (f)	[kutésə]
bandeja (f)	tabaka (f)	[tabaká]

botella (f)	shishe (f)	[ʃíʃɛ]
tarro (m) de vidrio	kavanoz (m)	[kavanóz]
lata (f)	kanoçe (f)	[kanótʃɛ]

abrebotellas (m)	hapëse shishesh (f)	[hapəsé ʃíʃɛʃ]
abrelatas (m)	hapëse kanoçesh (f)	[hapəsé kanótʃɛʃ]
sacacorchos (m)	turjelë tapash (f)	[turjélə tápaʃ]
filtro (m)	filtër (m)	[fíltər]
filtrar (vt)	filtroj	[filtrój]

basura (f)	pleh (m)	[plɛh]
cubo (m) de basura	kosh plehrash (m)	[koʃ pléhraʃ]

72. El baño

cuarto (m) de baño	banjo (f)	[báɲo]
agua (f)	ujë (m)	[újə]
grifo (m)	rubinet (m)	[rubinét]
agua (f) caliente	ujë i nxehtë (f)	[újə i ndzéhtə]
agua (f) fría	ujë i ftohtë (f)	[újə i ftóhtə]

pasta (f) de dientes	pastë dhëmbësh (f)	[pástə ðémbəʃ]
limpiarse los dientes	laj dhëmbët	[laj ðémbət]
cepillo (m) de dientes	furçë dhëmbësh (f)	[fúrtʃə ðémbəʃ]

afeitarse (vr)	rruhem	[rúhɛm]
espuma (f) de afeitar	shkumë rroje (f)	[ʃkumə rójɛ]
maquinilla (f) de afeitar	brisk (m)	[brísk]

lavar (vt)	laj duart	[laj dúart]
darse un baño	lahem	[láhɛm]
ducha (f)	dush (m)	[duʃ]
darse una ducha	bëj dush	[bəj dúʃ]

bañera (f)	vaskë (f)	[váskə]
inodoro (m)	tualet (m)	[tualét]
lavabo (m)	lavaman (m)	[lavamán]

| jabón (m) | sapun (m) | [sapún] |
| jabonera (f) | pjatë sapuni (f) | [pjátə sapúni] |

esponja (f)	sfungjer (m)	[sfunɟér]
champú (m)	shampo (f)	[ʃampó]
toalla (f)	peshqir (m)	[pɛʃcír]
bata (f) de baño	peshqir trupi (m)	[pɛʃcír trúpi]

colada (f), lavado (m)	larje (f)	[lárjɛ]
lavadora (f)	makinë larëse (f)	[makínə lárəsɛ]
lavar la ropa	laj rroba	[laj róba]
detergente (m) en polvo	detergjent (m)	[dɛtɛrɟént]

73. Los aparatos domésticos

televisor (m)	televizor (m)	[tɛlɛvizór]
magnetófono (m)	inçizues me shirit (m)	[intʃizúɛs mɛ ʃirít]
vídeo (m)	video regjistrues (m)	[vídɛo rɛɟistrúɛs]
radio (m)	radio (f)	[rádio]
reproductor (m) (~ MP3)	kasetofon (m)	[kasɛtofón]

proyector (m) de vídeo	projektor (m)	[projɛktór]
sistema (m) home cinema	kinema shtëpie (f)	[kinɛmá ʃtəpíɛ]
reproductor (m) de DVD	DVD player (m)	[dividí plɛjər]
amplificador (m)	amplifikator (m)	[amplifikatór]
videoconsola (f)	konsol video loje (m)	[konsól vídɛo lójɛ]

cámara (f) de vídeo	videokamerë (f)	[vidɛokamérə]
cámara (f) fotográfica	aparat fotografik (m)	[aparát fotografík]
cámara (f) digital	kamerë digjitale (f)	[kamérə diɟitálɛ]

aspirador (m), aspiradora (f)	fshesë elektrike (f)	[fʃésə ɛlɛktríkɛ]
plancha (f)	hekur (m)	[hékur]
tabla (f) de planchar	tryezë për hekurosje (f)	[tryézə pər hɛkurósjɛ]

| teléfono (m) | telefon (m) | [tɛlɛfón] |
| teléfono (m) móvil | celular (m) | [tsɛlulár] |

máquina (f) de escribir	**makinë shkrimi** (f)	[makínə ʃkrími]
máquina (f) de coser	**makinë qepëse** (f)	[makínə cépəsɛ]
micrófono (m)	**mikrofon** (m)	[mikrofón]
auriculares (m pl)	**kufje** (f)	[kúfjɛ]
mando (m) a distancia	**telekomandë** (f)	[tɛlɛkomándə]
CD (m)	**CD** (f)	[tsɛdé]
casete (m)	**kasetë** (f)	[kasétə]
disco (m) de vinilo	**pllakë gramafoni** (f)	[pɫákə gramafóni]

LA TIERRA. EL TIEMPO

T&P Books Publishing

cosmos (m)	**hapësirë** (f)	[hapəsírə]
espacial, cósmico (adj)	**hapësinor**	[hapəsinór]
espacio (m) cósmico	**kozmos** (m)	[kozmós]
mundo (m)	**botë** (f)	[bótə]
universo (m)	**univers**	[univérs]
galaxia (f)	**galaksi** (f)	[galaksí]
estrella (f)	**yll** (m)	[yɫ]
constelación (f)	**yllësi** (f)	[yɫəsí]
planeta (m)	**planet** (m)	[planét]
satélite (m)	**satelit** (m)	[satɛlít]
meteorito (m)	**meteor** (m)	[mɛtɛór]
cometa (m)	**kometë** (f)	[kométə]
asteroide (m)	**asteroid** (m)	[astɛroíd]
órbita (f)	**orbitë** (f)	[orbítə]
girar (vi)	**rrotullohet**	[rotuɫóhɛt]
atmósfera (f)	**atmosferë** (f)	[atmosférə]
Sol (m)	**Dielli** (m)	[diéɫi]
sistema (m) solar	**sistemi diellor** (m)	[sistémi diɛɫór]
eclipse (m) de Sol	**eklips diellor** (m)	[ɛklíps diɛɫór]
Tierra (f)	**Toka** (f)	[tóka]
Luna (f)	**Hëna** (f)	[hóna]
Marte (m)	**Marsi** (m)	[mársi]
Venus (f)	**Venera** (f)	[vɛnéra]
Júpiter (m)	**Jupiteri** (m)	[jupitéri]
Saturno (m)	**Saturni** (m)	[satúrni]
Mercurio (m)	**Merkuri** (m)	[mɛrkúri]
Urano (m)	**Urani** (m)	[uráni]
Neptuno (m)	**Neptuni** (m)	[nɛptúni]
Plutón (m)	**Pluto** (f)	[plúto]
la Vía Láctea	**Rruga e Qumështit** (f)	[rúga ɛ cúməʃtit]
la Osa Mayor	**Arusha e Madhe** (f)	[arúʃa ɛ máðɛ]
la Estrella Polar	**ylli i Veriut** (m)	[ýɫi i vériut]
marciano (m)	**Marsian** (m)	[marsián]
extraterrestre (m)	**jashtëtokësor** (m)	[jaʃtətokəsór]

planetícola (m)	**alien** (m)	[alién]
platillo (m) volante	**disk fluturues** (m)	[dísk fluturúɛs]
nave (f) espacial	**anije kozmike** (f)	[aníjɛ kozmíkɛ]
estación (f) orbital	**stacion kozmik** (m)	[statsión kozmík]
despegue (m)	**ngritje** (f)	[ŋrítjɛ]
motor (m)	**motor** (m)	[motór]
tobera (f)	**dizë** (f)	[dízə]
combustible (m)	**karburant** (m)	[karburánt]
carlinga (f)	**kabinë pilotimi** (f)	[kabínə pilotími]
antena (f)	**antenë** (f)	[anténə]
ventana (f)	**dritare anësore** (f)	[dritárɛ anəsórɛ]
batería (f) solar	**panel solar** (m)	[panél solár]
escafandra (f)	**veshje astronauti** (f)	[véʃjɛ astronáuti]
ingravidez (f)	**mungesë graviteti** (f)	[muŋésə gravitéti]
oxígeno (m)	**oksigjen** (m)	[oksiɟén]
atraque (m)	**ndërlidhje në hapësirë** (f)	[ndərlíðjɛ nə hapəsírə]
realizar el atraque	**stacionohem**	[statsionóhɛm]
observatorio (m)	**observator** (m)	[obsɛrvatór]
telescopio (m)	**teleskop** (m)	[tɛlɛskóp]
observar (vt)	**vëzhgoj**	[vəʒgój]
explorar (~ el universo)	**eksploroj**	[ɛksplorój]

75. La tierra

Tierra (f)	**Toka** (f)	[tóka]
globo (m) terrestre	**globi** (f)	[glóbi]
planeta (m)	**planet** (m)	[planét]
atmósfera (f)	**atmosferë** (f)	[atmosférə]
geografía (f)	**gjeografi** (f)	[ɟɛografí]
naturaleza (f)	**natyrë** (f)	[natýrə]
globo (m) terráqueo	**glob** (m)	[glob]
mapa (m)	**hartë** (f)	[hártə]
atlas (m)	**atlas** (m)	[atlás]
Europa (f)	**Evropa** (f)	[ɛvrópa]
Asia (f)	**Azia** (f)	[azía]
África (f)	**Afrika** (f)	[afríka]
Australia (f)	**Australia** (f)	[australía]
América (f)	**Amerika** (f)	[amɛríka]
América (f) del Norte	**Amerika Veriore** (f)	[amɛríka vɛriórɛ]
América (f) del Sur	**Amerika Jugore** (f)	[amɛríka jugórɛ]

| Antártida (f) | Antarktika (f) | [antarktíka] |
| Ártico (m) | Arktiku (m) | [arktíku] |

76. Los puntos cardinales

norte (m)	veri (m)	[vɛrí]
al norte	drejt veriut	[dréjt vériut]
en el norte	në veri	[nə vɛrí]
del norte (adj)	verior	[vɛriór]

sur (m)	jug (m)	[jug]
al sur	drejt jugut	[dréjt júgut]
en el sur	në jug	[nə jug]
del sur (adj)	jugor	[jugór]

oeste (m)	perëndim (m)	[pɛrəndím]
al oeste	drejt perëndimit	[dréjt pɛrəndímit]
en el oeste	në perëndim	[nə pɛrəndím]
del oeste (adj)	perëndimor	[pɛrəndimór]

este (m)	lindje (f)	[líndjɛ]
al este	drejt lindjes	[dréjt líndjɛs]
en el este	në lindje	[nə líndjɛ]
del este (adj)	lindor	[lindór]

77. El mar. El océano

mar (m)	det (m)	[dét]
océano (m)	oqean (m)	[ocɛán]
golfo (m)	gji (m)	[ɟi]
estrecho (m)	ngushticë (f)	[ɲuʃtítsə]

| tierra (f) firme | tokë (f) | [tókə] |
| continente (m) | kontinent (m) | [kontinént] |

isla (f)	ishull (m)	[íʃuɬ]
península (f)	gadishull (m)	[gadíʃuɬ]
archipiélago (m)	arkipelag (m)	[arkipɛlág]

bahía (f)	gji (m)	[ɟi]
ensenada, bahía (f)	port (m)	[port]
laguna (f)	lagunë (f)	[lagúnə]
cabo (m)	kep (m)	[kɛp]

atolón (m)	atol (m)	[atól]
arrecife (m)	shkëmb nënujor (m)	[ʃkəmb nənujór]
coral (m)	koral (m)	[korál]
arrecife (m) de coral	korale nënujorë (f)	[korálɛ nənujórə]

profundo (adj)	i thellë	[i θé+ə]
profundidad (f)	thellësi (f)	[θɛ+əsí]
abismo (m)	humnerë (f)	[humnérə]
fosa (f) oceánica	hendek (m)	[hɛndék]

corriente (f)	rrymë (f)	[rýmə]
bañar (rodear)	rrethohet	[rɛθóhɛt]

orilla (f)	breg (m)	[brɛg]
costa (f)	bregdet (m)	[brɛgdét]

flujo (m)	batica (f)	[batítsa]
reflujo (m)	zbaticë (f)	[zbatítsə]
banco (m) de arena	cekëtinë (f)	[tsɛkətínə]
fondo (m)	fund i detit (m)	[fúnd i détit]

ola (f)	dallgë (f)	[dá+gə]
cresta (f) de la ola	kreshtë (f)	[kréʃtə]
espuma (f)	shkumë (f)	[ʃkúmə]

tempestad (f)	stuhi (f)	[stuhí]
huracán (m)	uragan (m)	[uragán]
tsunami (m)	cunam (m)	[tsunám]
bonanza (f)	qetësi (f)	[cɛtəsí]
calmo, tranquilo	i qetë	[i cétə]

polo (m)	pol (m)	[pol]
polar (adj)	polar	[polár]

latitud (f)	gjerësi (f)	[ɟɛrəsí]
longitud (f)	gjatësi (f)	[ɟatəsí]
paralelo (m)	paralele (f)	[paralélɛ]
ecuador (m)	ekuator (m)	[ɛkuatór]

cielo (m)	qiell (m)	[cíɛ+]
horizonte (m)	horizont (m)	[horizónt]
aire (m)	ajër (m)	[ájər]

faro (m)	fanar (m)	[fanár]
bucear (vi)	zhytem	[ʒýtɛm]
hundirse (vr)	fundosje	[fundósjɛ]
tesoros (m pl)	thesare (pl)	[θɛsárɛ]

78. Los nombres de los mares y los océanos

océano (m) Atlántico	Oqeani Atlantik (m)	[ocɛáni atlantík]
océano (m) Índico	Oqeani Indian (m)	[ocɛáni indián]
océano (m) Pacífico	Oqeani Paqësor (m)	[ocɛáni pacəsór]
océano (m) Glacial Ártico	Oqeani Arktik (m)	[ocɛáni arktík]
mar (m) Negro	Deti i Zi (m)	[déti i zí]

mar (m) Rojo	**Deti i Kuq** (m)	[déti i kúc]
mar (m) Amarillo	**Deti i Verdhë** (m)	[déti i vérðə]
mar (m) Blanco	**Deti i Bardhë** (m)	[déti i bárðə]

mar (m) Caspio	**Deti Kaspik** (m)	[déti kaspík]
mar (m) Muerto	**Deti i Vdekur** (m)	[déti i vdékur]
mar (m) Mediterráneo	**Deti Mesdhe** (m)	[déti mɛsðé]

| mar (m) Egeo | **Deti Egje** (m) | [déti ɛʝé] |
| mar (m) Adriático | **Deti Adriatik** (m) | [déti adriatík] |

mar (m) Arábigo	**Deti Arab** (m)	[déti aráb]
mar (m) del Japón	**Deti i Japonisë** (m)	[déti i japonísə]
mar (m) de Bering	**Deti Bering** (m)	[déti bériŋ]
mar (m) de la China Meridional	**Deti i Kinës Jugore** (m)	[déti i kínəs jugórɛ]

mar (m) del Coral	**Deti Koral** (m)	[déti korál]
mar (m) de Tasmania	**Deti Tasman** (m)	[déti tasmán]
mar (m) Caribe	**Deti i Karaibeve** (m)	[déti i karaíbɛvɛ]

| mar (m) de Barents | **Deti Barents** (m) | [déti barénts] |
| mar (m) de Kara | **Deti Kara** (m) | [déti kára] |

mar (m) del Norte	**Deti i Veriut** (m)	[déti i vériut]
mar (m) Báltico	**Deti Baltik** (m)	[déti baltík]
mar (m) de Noruega	**Deti Norvegjez** (m)	[déti norvɛʝéz]

79. Las montañas

montaña (f)	**mal** (m)	[mal]
cadena (f) de montañas	**vargmal** (m)	[vargmál]
cresta (f) de montañas	**kresht malor** (m)	[kréʃt malór]

cima (f)	**majë** (f)	[májə]
pico (m)	**maja më e lartë** (f)	[mája mə ɛ lártə]
pie (m)	**rrëza e malit** (f)	[rəza ɛ málit]
cuesta (f)	**shpat** (m)	[ʃpat]

volcán (m)	**vullkan** (m)	[vuɫkán]
volcán (m) activo	**vullkan aktiv** (m)	[vuɫkán aktív]
volcán (m) apagado	**vullkan i fjetur** (m)	[vuɫkán i fjétur]

erupción (f)	**shpërthim** (m)	[ʃpərθím]
cráter (m)	**krater** (m)	[kratér]
magma (m)	**magmë** (f)	[mágmə]
lava (f)	**llavë** (f)	[ɫávə]
fundido (lava ~a)	**i shkrirë**	[i ʃkrírə]
cañón (m)	**kanion** (m)	[kanión]
desfiladero (m)	**grykë** (f)	[grýkə]

| grieta (f) | çarje (f) | [tʃárjɛ] |
| precipicio (m) | humnerë (f) | [humnérə] |

puerto (m) (paso)	kalim (m)	[kalím]
meseta (f)	pllajë (f)	[pɫájə]
roca (f)	shkëmb (m)	[ʃkəmb]
colina (f)	kodër (f)	[kódər]

glaciar (m)	akullnajë (f)	[aкuɫnájə]
cascada (f)	ujëvarë (f)	[ujəvárə]
geiser (m)	gejzer (m)	[gɛjzér]
lago (m)	liqen (m)	[licén]

llanura (f)	fushë (f)	[fúʃə]
paisaje (m)	peizazh (m)	[pɛizáʒ]
eco (m)	jehonë (f)	[jɛhónə]

alpinista (m)	alpinist (m)	[alpiníst]
escalador (m)	alpinist shkëmbßinjsh (m)	[alpiníst ʃkəmbiɲʃ]
conquistar (vt)	pushtoj majën	[puʃtój májən]
ascensión (f)	ngjitje (f)	[ɲɟítjɛ]

80. Los nombres de las montañas

Alpes (m pl)	Alpet (pl)	[alpét]
Montblanc (m)	Montblanc (m)	[montblánk]
Pirineos (m pl)	Pirenejet (pl)	[pirɛnéjɛt]

Cárpatos (m pl)	Karpatet (m)	[karpátɛt]
Urales (m pl)	Malet Urale (pl)	[málɛt urálɛ]
Cáucaso (m)	Malet Kaukaze (pl)	[málɛt kaukázɛ]
Elbrus (m)	Mali Elbrus (m)	[máli ɛlbrús]

Altai (m)	Malet Altai (pl)	[málɛt altái]
Tian-Shan (m)	Tian Shani (m)	[tían ʃáni]
Pamir (m)	Malet e Pamirit (m)	[málɛt ɛ pamírit]
Himalayos (m pl)	Himalajet (pl)	[himalájɛt]
Everest (m)	Mali Everest (m)	[máli ɛvɛrést]

| Andes (m pl) | andet (pl) | [ándɛt] |
| Kilimanjaro (m) | Mali Kilimanxharo (m) | [máli kilimandʒáro] |

81. Los ríos

río (m)	lum (m)	[lum]
manantial (m)	burim (m)	[burím]
lecho (m) (curso de agua)	shtrat lumi (m)	[ʃtrat lúmi]
cuenca (f) fluvial	basen (m)	[basén]

desembocar en ...	rrjedh ...	[rjéð ...]
afluente (m)	derdhje (f)	[dérðjɛ]
ribera (f)	breg (m)	[brɛg]

corriente (f)	rrymë (f)	[rýmə]
río abajo (adv)	rrjedhje e poshtme	[rjéðjɛ ɛ póʃtmɛ]
río arriba (adv)	rrjedhje e sipërme	[rjéðjɛ ɛ sípərmɛ]

inundación (f)	vërshim (m)	[vərʃím]
riada (f)	përmbytje (f)	[pərmbýtjɛ]
desbordarse (vr)	vërshon	[vərʃón]
inundar (vt)	përmbytet	[pərmbýtɛt]

bajo (m) arenoso	cekëtinë (f)	[tsɛkətínə]
rápido (m)	rrjedhë (f)	[rjéðə]

presa (f)	digë (f)	[dígə]
canal (m)	kanal (m)	[kanál]
lago (m) artificiale	rezervuar (m)	[rɛzɛrvuár]
esclusa (f)	pendë ujore (f)	[péndə ujórɛ]

cuerpo (m) de agua	plan hidrik (m)	[plan hidrík]
pantano (m)	kënetë (f)	[kənétə]
ciénaga (f)	moçal (m)	[motʃ ál]
remolino (m)	vorbull (f)	[vórbuɫ]

arroyo (m)	përrua (f)	[pərúa]
potable (adj)	i pijshëm	[i píjʃem]
dulce (agua ~)	i freskët	[i frésket]

hielo (m)	akull (m)	[ákuɫ]
helarse (el lago, etc.)	ngrihet	[ŋríhɛt]

82. Los nombres de los ríos

Sena (m)	Sena (f)	[séna]
Loira (m)	Loire (f)	[luar]

Támesis (m)	Temza (f)	[témza]
Rin (m)	Rajnë (m)	[rájnə]
Danubio (m)	Danubi (m)	[danúbi]

Volga (m)	Volga (f)	[vólga]
Don (m)	Doni (m)	[dóni]
Lena (m)	Lena (f)	[léna]

Río (m) Amarillo	Lumi i Verdhë (m)	[lúmi i vérðə]
Río (m) Azul	Jangce (f)	[jaŋtsé]
Mekong (m)	Mekong (m)	[mɛkóŋ]
Ganges (m)	Gang (m)	[gaŋ]

Nilo (m)	Lumi Nil (m)	[lúmi nil]
Congo (m)	Lumi Kongo (m)	[lúmi kóŋo]
Okavango (m)	Lumi Okavango (m)	[lúmi okaváŋo]
Zambeze (m)	Lumi Zambezi (m)	[lúmi zambézi]
Limpopo (m)	Lumi Limpopo (m)	[lúmi limpópo]
Misisipi (m)	Lumi Misisipi (m)	[lúmi misisípi]

83. El bosque

| bosque (m) | pyll (m) | [pyɫ] |
| de bosque (adj) | pyjor | [pyjór] |

espesura (f)	pyll i ngjeshur (m)	[pyɫ i ŋɟéʃur]
bosquecillo (m)	zabel (m)	[zabél]
claro (m)	lëndinë (f)	[ləndínə]

| maleza (f) | pyllëz (m) | [pýɫəz] |
| matorral (m) | shkurre (f) | [ʃkúrɛ] |

| senda (f) | shteg (m) | [ʃtɛg] |
| barranco (m) | hon (m) | [hon] |

árbol (m)	pemë (f)	[pémə]
hoja (f)	gjeth (m)	[ɟɛθ]
follaje (m)	gjethe (pl)	[ɟéθɛ]

caída (f) de hojas	rënie e gjetheve (f)	[rəníɛ ɛ ɟéθɛvɛ]
caer (las hojas)	bien	[bíɛn]
cima (f)	maje (f)	[májɛ]

rama (f)	degë (f)	[dégə]
rama (f) (gruesa)	degë (f)	[dégə]
brote (m)	syth (m)	[syθ]
aguja (f)	shtiza pishe (f)	[ʃtíza píʃɛ]
piña (f)	lule pishe (f)	[lúlɛ píʃɛ]

| agujero (m) | zgavër (f) | [zgávər] |
| nido (m) | fole (f) | [folé] |

tronco (m)	trung (m)	[truŋ]
raíz (f)	rrënjë (f)	[réɲə]
corteza (f)	lëvore (f)	[ləvórɛ]
musgo (m)	myshk (m)	[myʃk]

extirpar (vt)	shkul	[ʃkul]
talar (vt)	pres	[prɛs]
deforestar (vt)	shpyllëzoj	[ʃpyɫəzój]
tocón (m)	cung (m)	[tsúŋ]
hoguera (f)	zjarr kampingu (m)	[zjar kampíɲu]
incendio (m) forestal	zjarr në pyll (m)	[zjar nə pyɫ]

apagar (~ el incendio)	shuaj	[ʃúaj]
guarda (m) forestal	roje pyjore (f)	[rójɛ pyjórɛ]
protección (f)	mbrojtje (f)	[mbrójtjɛ]
proteger (vt)	mbroj	[mbrój]
cazador (m) furtivo	gjahtar i jashtëligjshëm (m)	[ɟahtár i jaʃtəlíɟʃəm]
cepo (m)	grackë (f)	[grátskə]
recoger (setas, bayas)	mbledh	[mbléð]
perderse (vr)	humb rrugën	[húmb rúgən]

84. Los recursos naturales

recursos (m pl) naturales	burime natyrore (pl)	[burímɛ natyrórɛ]
recursos (m pl) subterráneos	minerale (pl)	[minɛrálɛ]
depósitos (m pl)	depozita (pl)	[dɛpozíta]
yacimiento (m)	fushë (f)	[fúʃə]
extraer (vt)	nxjerr	[ndzjér]
extracción (f)	nxjerrje mineralesh (f)	[ndzjérjɛ minɛrálɛʃ]
mena (f)	xehe (f)	[dzéhɛ]
mina (f)	minierë (f)	[miniérə]
pozo (m) de mina	nivel (m)	[nivél]
minero (m)	minator (m)	[minatór]
gas (m)	gaz (m)	[gaz]
gasoducto (m)	gazsjellës (m)	[gazsjéɫəs]
petróleo (m)	naftë (f)	[náftə]
oleoducto (m)	naftësjellës (f)	[naftəsjéɫəs]
pozo (m) de petróleo	pus nafte (m)	[pus náftɛ]
torre (f) de sondeo	burim nafte (m)	[burím náftɛ]
petrolero (m)	anije-cisternë (f)	[aníjɛ-tsistérnə]
arena (f)	rërë (f)	[rərə]
caliza (f)	gur gëlqeror (m)	[gur gəlcɛrór]
grava (f)	zhavorr (m)	[ʒavór]
turba (f)	torfë (f)	[tórfə]
arcilla (f)	argjilë (f)	[arɟílə]
carbón (m)	qymyr (m)	[cymýr]
hierro (m)	hekur (m)	[hékur]
oro (m)	ar (m)	[ár]
plata (f)	argjend (m)	[arɟénd]
níquel (m)	nikel (m)	[nikél]
cobre (m)	bakër (m)	[bákər]
zinc (m)	zink (m)	[zink]
manganeso (m)	mangan (m)	[maŋán]
mercurio (m)	merkur (m)	[mɛrkúr]

plomo (m)	plumb (m)	[plúmb]
mineral (m)	mineral (m)	[minɛrál]
cristal (m)	kristal (m)	[kristál]
mármol (m)	mermer (m)	[mɛrmérʃ]
uranio (m)	uranium (m)	[uraniúm]

85. El tiempo

tiempo (m)	moti (m)	[móti]
previsión (f) del tiempo	parashikimi i motit (m)	[paraʃikími i mótit]
temperatura (f)	temperaturë (f)	[tɛmpɛratúrə]
termómetro (m)	termometër (m)	[tɛrmométər]
barómetro (m)	barometër (m)	[barométər]

húmedo (adj)	i lagësht	[i lágəʃt]
humedad (f)	lagështi (f)	[lagəʃtí]

bochorno (m)	vapë (f)	[vápə]
tórrido (adj)	shumë nxehtë	[ʃúmə ndzéhtə]
hace mucho calor	është nxehtë	[əʃtə ndzéhtə]

hace calor (templado)	është ngrohtë	[əʃtə ŋróhtə]
templado (adj)	ngrohtë	[ŋróhtə]

hace frío	bën ftohtë	[bən ftóhtə]
frío (adj)	i ftohtë	[i ftóhtə]

sol (m)	diell (m)	[díɛɬ]
brillar (vi)	ndriçon	[ndritʃón]
soleado (un día ~)	me diell	[mɛ díɛɬ]
elevarse (el sol)	agon	[agón]
ponerse (vr)	perëndon	[pɛrəndón]

nube (f)	re (f)	[rɛ]
nuboso (adj)	vranët	[vránət]
nubarrón (m)	re shiu (f)	[rɛ ʃíu]
nublado (adj)	vranët	[vránət]

lluvia (f)	shi (m)	[ʃi]
está lloviendo	bie shi	[bíɛ ʃi]
lluvioso (adj)	me shi	[mɛ ʃi]
lloviznar (vi)	shi i imët	[ʃi i ímət]

aguacero (m)	shi litar (m)	[ʃi litár]
chaparrón (m)	stuhi shiu (f)	[stuhí ʃíu]
fuerte (la lluvia ~)	i fortë	[i fórtə]
charco (m)	brakë (f)	[brákə]
mojarse (vr)	lagem	[lágɛm]
niebla (f)	mjegull (f)	[mjéguɬ]
nebuloso (adj)	e mjegullt	[ɛ mjéguɬt]

| nieve (f) | borë (f) | [bórə] |
| está nevando | bie borë | [bíɛ bórə] |

86. Los eventos climáticos severos. Los desastres naturales

tormenta (f)	stuhi (f)	[stuhí]
relámpago (m)	vetëtimë (f)	[vɛtətímə]
relampaguear (vi)	vetëton	[vɛtətón]

trueno (m)	bubullimë (f)	[bubuɫímə]
tronar (vi)	bubullon	[bubuɫón]
está tronando	bubullon	[bubuɫón]

| granizo (m) | breshër (m) | [bréʃər] |
| está granizando | po bie breshër | [po biɛ bréʃər] |

| inundar (vt) | përmbytet | [pərmbýtɛt] |
| inundación (f) | përmbytje (f) | [pərmbýtjɛ] |

terremoto (m)	tërmet (m)	[tərmét]
sacudida (f)	lëkundje (f)	[ləkúndjɛ]
epicentro (m)	epiqendër (f)	[ɛpicéndər]

| erupción (f) | shpërthim (m) | [ʃpərθím] |
| lava (f) | llavë (f) | [ɫávə] |

torbellino (m)	vorbull (f)	[vórbuɫ]
tornado (m)	tornado (f)	[tornádo]
tifón (m)	tajfun (m)	[tajfún]

huracán (m)	uragan (m)	[uragán]
tempestad (f)	stuhi (f)	[stuhí]
tsunami (m)	cunam (m)	[tsunám]

ciclón (m)	ciklon (m)	[tsiklón]
mal tiempo (m)	mot i keq (m)	[mot i kɛc]
incendio (m)	zjarr (m)	[zjar]
catástrofe (f)	fatkeqësi (f)	[fatkɛcəsí]
meteorito (m)	meteor (m)	[mɛtɛór]

avalancha (f)	ortek (m)	[orték]
alud (m) de nieve	rrëshqitje bore (f)	[rəʃcítjɛ bórɛ]
ventisca (f)	stuhi bore (f)	[stuhí bórɛ]
nevasca (f)	stuhi bore (f)	[stuhí bórɛ]

LA FAUNA

T&P Books Publishing

87. Los mamíferos. Los predadores

carnívoro (m)	**grabitqar** (m)	[grabitcár]
tigre (m)	**tigër** (m)	[tígər]
león (m)	**luan** (m)	[luán]
lobo (m)	**ujk** (m)	[ujk]
zorro (m)	**dhelpër** (f)	[ðélpər]
jaguar (m)	**jaguar** (m)	[jaguár]
leopardo (m)	**leopard** (m)	[lɛopárd]
guepardo (m)	**gepard** (m)	[gɛpárd]
pantera (f)	**panterë e zezë** (f)	[pantérə ɛ zézə]
puma (f)	**puma** (f)	[púma]
leopardo (m) de las nieves	**leopard i borës** (m)	[lɛopárd i bórəs]
lince (m)	**rrëqebull** (m)	[rəcébuɫ]
coyote (m)	**kojotë** (f)	[kojótə]
chacal (m)	**çakall** (m)	[tʃakáɫ]
hiena (f)	**hienë** (f)	[hiénə]

88. Los animales salvajes

animal (m)	**kafshë** (f)	[káfʃə]
bestia (f)	**bishë** (f)	[bíʃə]
ardilla (f)	**ketër** (m)	[kétər]
erizo (m)	**iriq** (m)	[iríc]
liebre (f)	**lepur i egër** (m)	[lépur i égər]
conejo (m)	**lepur** (m)	[lépur]
tejón (m)	**vjedull** (f)	[vjéduɫ]
mapache (m)	**rakun** (m)	[rakún]
hámster (m)	**hamster** (m)	[hamstér]
marmota (f)	**marmot** (m)	[marmót]
topo (m)	**urith** (m)	[uríθ]
ratón (m)	**mi** (m)	[mi]
rata (f)	**mi** (m)	[mi]
murciélago (m)	**lakuriq** (m)	[lakuríc]
armiño (m)	**herminë** (f)	[hɛrmínə]
cebellina (f)	**kunadhe** (f)	[kunáðɛ]
marta (f)	**shqarth** (m)	[ʃcarθ]

comadreja (f)	nuselalë (f)	[nusɛlálə]
visón (m)	vizon (m)	[vizón]
castor (m)	kastor (m)	[kastór]
nutria (f)	vidër (f)	[vídər]
caballo (m)	kali (m)	[káli]
alce (m)	dre brilopatë (m)	[drɛ brilopátə]
ciervo (m)	dre (f)	[drɛ]
camello (m)	deve (f)	[dévɛ]
bisonte (m)	bizon (m)	[bizón]
uro (m)	bizon evropian (m)	[bizón ɛvropián]
búfalo (m)	buall (m)	[búaɫ]
cebra (f)	zebër (f)	[zébər]
antílope (m)	antilopë (f)	[antilópə]
corzo (m)	dre (f)	[drɛ]
gamo (m)	dre ugar (m)	[drɛ ugár]
gamuza (f)	kamosh (m)	[kamóʃ]
jabalí (m)	derr i egër (m)	[dér i égər]
ballena (f)	balenë (f)	[balénə]
foca (f)	fokë (f)	[fókə]
morsa (f)	lopë deti (f)	[lópə déti]
oso (m) marino	fokë (f)	[fókə]
delfín (m)	delfin (m)	[dɛlfín]
oso (m)	ari (m)	[arí]
oso (m) blanco	ari polar (m)	[arí polár]
panda (f)	panda (f)	[pánda]
mono (m)	majmun (m)	[majmún]
chimpancé (m)	shimpanze (f)	[ʃimpánzɛ]
orangután (m)	orangutan (m)	[oraŋután]
gorila (m)	gorillë (f)	[gorítə]
macaco (m)	majmun makao (m)	[majmún makáo]
gibón (m)	gibon (m)	[gibón]
elefante (m)	elefant (m)	[ɛlɛfánt]
rinoceronte (m)	rinoqeront (m)	[rinocɛrónt]
jirafa (f)	gjirafë (f)	[ɟiráfə]
hipopótamo (m)	hipopotam (m)	[hipopotám]
canguro (m)	kangur (m)	[kaŋúr]
koala (f)	koala (f)	[koála]
mangosta (f)	mangustë (f)	[maŋústə]
chinchilla (f)	çinçila (f)	[tʃintʃíla]
mofeta (f)	qelbës (m)	[célbəs]
espín (m)	ferrëgjatë (m)	[fɛrəɟátə]

89. Los animales domésticos

gata (f)	mace (f)	[mátsɛ]
gato (m)	maçok (m)	[matʃók]
perro (m)	qen (m)	[cɛn]
caballo (m)	kali (m)	[káli]
garañón (m)	hamshor (m)	[hamʃór]
yegua (f)	pelë (f)	[pélə]
vaca (f)	lopë (f)	[lópə]
toro (m)	dem (m)	[dém]
buey (m)	ka (m)	[ka]
oveja (f)	dele (f)	[délɛ]
carnero (m)	dash (m)	[daʃ]
cabra (f)	dhi (f)	[ði]
cabrón (m)	cjap (m)	[tsjáp]
asno (m)	gomar (m)	[gomár]
mulo (m)	mushkë (f)	[múʃkə]
cerdo (m)	derr (m)	[dɛr]
cerdito (m)	derrkuc (m)	[dɛrkúts]
conejo (m)	lepur (m)	[lépur]
gallina (f)	pulë (f)	[púlə]
gallo (m)	gjel (m)	[ɟél]
pato (m)	rosë (f)	[rósə]
ánade (m)	rosak (m)	[rosák]
ganso (m)	patë (f)	[pátə]
pavo (m)	gjel deti i egër (m)	[ɟél déti i égər]
pava (f)	gjel deti (m)	[ɟél déti]
animales (m pl) domésticos	kafshë shtëpiake (f)	[káfʃə ʃtəpiákɛ]
domesticado (adj)	i zbutur	[i zbútur]
domesticar (vt)	zbus	[zbus]
criar (vt)	rrit	[rit]
granja (f)	fermë (f)	[férmə]
aves (f pl) de corral	pulari (f)	[pularí]
ganado (m)	bagëti (f)	[bagətí]
rebaño (m)	kope (f)	[kopé]
caballeriza (f)	stallë (f)	[stáɬə]
porqueriza (f)	stallë e derrave (f)	[stáɬə ɛ déravɛ]
vaquería (f)	stallë e lopëve (f)	[stáɬə ɛ lópəvɛ]
conejal (m)	kolibe lepujsh (f)	[kolíbɛ lépujʃ]
gallinero (m)	kotec (m)	[kotéts]

90. Los pájaros

pájaro (m)	**zog** (m)	[zog]
paloma (f)	**pëllumb** (m)	[pəłúmb]
gorrión (m)	**harabel** (m)	[harabél]
carbonero (m)	**xhixhimës** (m)	[dʒidʒimés]
urraca (f)	**laraskë** (f)	[laráskə]

cuervo (m)	**korb** (m)	[korb]
corneja (f)	**sorrë** (f)	[sórə]
chova (f)	**galë** (f)	[gálə]
grajo (m)	**sorrë** (f)	[sórə]

pato (m)	**rosë** (f)	[rósə]
ganso (m)	**patë** (f)	[pátə]
faisán (m)	**fazan** (m)	[fazán]

águila (f)	**shqiponjë** (f)	[ʃcipóɲə]
azor (m)	**gjeraqinë** (f)	[ɟɛracínə]
halcón (m)	**fajkua** (f)	[fajkúa]
buitre (m)	**hutë** (f)	[hútə]
cóndor (m)	**kondor** (m)	[kondór]

cisne (m)	**mjellmë** (f)	[mjéłmə]
grulla (f)	**lejlek** (m)	[lɛjlék]
cigüeña (f)	**lejlek** (m)	[lɛjlék]

loro (m), papagayo (m)	**papagall** (m)	[papagáł]
colibrí (m)	**kolibri** (m)	[kolíbri]
pavo (m) real	**pallua** (m)	[pałúa]

avestruz (m)	**struc** (m)	[struts]
garza (f)	**çafkë** (f)	[tʃáfkə]
flamenco (m)	**flamingo** (m)	[flamíŋo]
pelícano (m)	**pelikan** (m)	[pɛlikán]

ruiseñor (m)	**bilbil** (m)	[bilbíl]
golondrina (f)	**dallëndyshe** (f)	[dałəndýʃɛ]

tordo (m)	**mëllenjë** (f)	[məłéɲə]
zorzal (m)	**grifsha** (f)	[grífʃa]
mirlo (m)	**mëllenjë** (f)	[məłéɲə]

vencejo (m)	**dallëndyshe** (f)	[dałəndýʃɛ]
alondra (f)	**thëllëzë** (f)	[θəłə́zə]
codorniz (f)	**trumcak** (m)	[trumtsák]

pájaro carpintero (m)	**qukapik** (m)	[cukapík]
cuco (m)	**kukuvajkë** (f)	[kukuvájkə]
lechuza (f)	**buf** (m)	[buf]
búho (m)	**buf mbretëror** (m)	[buf mbrɛtərór]

urogallo (m)	fazan i pyllit (m)	[fazán i pýłit]
gallo lira (m)	fazan i zi (m)	[fazán i zí]
perdiz (f)	thëllëzë (f)	[θəłézə]

estornino (m)	gargull (m)	[gárguł]
canario (m)	kanarinë (f)	[kanarínə]
ortega (f)	fazan mali (m)	[fazán máli]
pinzón (m)	trishtil (m)	[triʃtíl]
camachuelo (m)	trishtil dimri (m)	[triʃtíl dímri]

gaviota (f)	pulëbardhë (f)	[puləbárðə]
albatros (m)	albatros (m)	[albatrós]
pingüino (m)	penguin (m)	[pɛŋuín]

91. Los peces. Los animales marinos

brema (f)	krapuliq (m)	[krapulíc]
carpa (f)	krap (m)	[krap]
perca (f)	perç (m)	[pɛrtʃ]
siluro (m)	mustak (m)	[musták]
lucio (m)	mlysh (m)	[mlýʃ]

| salmón (m) | salmon (m) | [salmón] |
| esturión (m) | bli (m) | [blí] |

arenque (m)	harengë (f)	[harénə]
salmón (m) del Atlántico	salmon Atlantiku (m)	[salmón atlantíku]
caballa (f)	skumbri (m)	[skúmbri]
lenguado (m)	shojzë (f)	[ʃójzə]

lucioperca (f)	troftë (f)	[tróftə]
bacalao (m)	merluc (m)	[mɛrlúts]
atún (m)	tunë (f)	[túnə]
trucha (f)	troftë (f)	[tróftə]

anguila (f)	ngjalë (f)	[ɲálə]
raya (f) eléctrica	peshk elektrik (m)	[pɛʃk ɛlɛktrík]
morena (f)	ngjalë morel (f)	[ɲálə morél]
piraña (f)	piranja (f)	[piráɲa]

tiburón (m)	peshkaqen (m)	[pɛʃkacén]
delfín (m)	delfin (m)	[dɛlfín]
ballena (f)	balenë (f)	[balénə]

centolla (f)	gaforre (f)	[gafórɛ]
medusa (f)	kandil deti (m)	[kandíl déti]
pulpo (m)	oktapod (m)	[oktapód]

| estrella (f) de mar | yll deti (m) | [ył déti] |
| erizo (m) de mar | iriq deti (m) | [iríc déti] |

caballito (m) de mar	kalë deti (m)	[kálə déti]
ostra (f)	midhje (f)	[míðjɛ]
camarón (m)	karkalec (m)	[karkaléts]
bogavante (m)	karavidhe (f)	[karavíðɛ]
langosta (f)	karavidhe (f)	[karavíðɛ]

92. Los anfibios. Los reptiles

serpiente (f)	gjarpër (m)	[ʝárpər]
venenoso (adj)	helmues	[hɛlmúɛs]
víbora (f)	nepërka (f)	[nɛpérka]
cobra (f)	kobra (f)	[kóbra]
pitón (m)	piton (m)	[pitón]
boa (f)	boa (f)	[bóa]
culebra (f)	kular (m)	[kulár]
serpiente (m) de cascabel	gjarpër me zile (m)	[ʝárpər mɛ zílɛ]
anaconda (f)	anakonda (f)	[anakónda]
lagarto (m)	hardhucë (f)	[harðútsə]
iguana (f)	iguana (f)	[iguána]
varano (m)	varan (m)	[varán]
salamandra (f)	salamandër (f)	[salamándər]
camaleón (m)	kameleon (m)	[kamɛlɛón]
escorpión (m)	akrep (m)	[akrép]
tortuga (f)	breshkë (f)	[bréʃkə]
rana (f)	bretkosë (f)	[brɛtkósə]
sapo (m)	zhabë (f)	[ʒábə]
cocodrilo (m)	krokodil (m)	[krokodíl]

93. Los insectos

insecto (m)	insekt (m)	[inɛékt]
mariposa (f)	flutur (f)	[flútur]
hormiga (f)	milingonë (f)	[miliŋónə]
mosca (f)	mizë (f)	[mízə]
mosquito (m) (picadura de ~)	mushkonjë (f)	[muʃkóɲə]
escarabajo (m)	brumbull (m)	[brúmbuɬ]
avispa (f)	grerëz (f)	[grérəz]
abeja (f)	bletë (f)	[blétə]
abejorro (m)	greth (m)	[grɛθ]
moscardón (m)	zekth (m)	[zɛkθ]
araña (f)	merimangë (f)	[mɛrimáŋə]
telaraña (f)	rrjetë merimange (f)	[rjétə mɛrimáŋɛ]

libélula (f)	**pilivesë** (f)	[pilivésə]
saltamontes (m)	**karkalec** (m)	[karkaléts]
mariposa (f) nocturna	**molë** (f)	[mólə]
cucaracha (f)	**kacabu** (f)	[katsabú]
garrapata (f)	**rriqër** (m)	[ríсər]
pulga (f)	**plesht** (m)	[plɛʃt]
mosca (f) negra	**mushicë** (f)	[muʃítsə]
langosta (f)	**gjinkallë** (f)	[ɟinkáłə]
caracol (m)	**kërmill** (m)	[kərmít]
grillo (m)	**bulkth** (m)	[búlkθ]
luciérnaga (f)	**xixëllonjë** (f)	[dzidzəłóɲə]
mariquita (f)	**mollëkuqe** (f)	[motəkúcɛ]
sanjuanero (m)	**vizhë** (f)	[víʒə]
sanguijuela (f)	**shushunjë** (f)	[ʃuʃúɲə]
oruga (f)	**vemje** (f)	[vémjɛ]
lombriz (m) de tierra	**krimb toke** (m)	[krímb tókɛ]
larva (f)	**larvë** (f)	[lárvə]

LA FLORA

T&P Books Publishing

árbol (m)	pemë (f)	[pémə]
foliáceo (adj)	gjethor	[ɟɛθór]
conífero (adj)	halor	[halór]
de hoja perenne	përherë të gjelbra	[pərhérə tə ɟélbra]
manzano (m)	pemë molle (f)	[pémə mótɛ]
peral (m)	pemë dardhe (f)	[pémə dárðɛ]
cerezo (m)	pemë qershie (f)	[pémə cɛrʃíɛ]
guindo (m)	pemë qershi vishnje (f)	[pémə cɛrʃí víʃɲɛ]
ciruelo (m)	pemë kumbulle (f)	[pémə kúmbutɛ]
abedul (m)	mështekna (f)	[məʃtékna]
roble (m)	lis (m)	[lis]
tilo (m)	bli (m)	[blí]
pobo (m)	plep i egër (m)	[plɛp i égər]
arce (m)	panjë (f)	[páɲə]
pícea (f)	bredh (m)	[brɛð]
pino (m)	pishë (f)	[píʃə]
alerce (m)	larsh (m)	[lárʃ]
abeto (m)	bredh i bardhë (m)	[brɛð i bárðə]
cedro (m)	kedër (m)	[kédər]
álamo (m)	plep (m)	[plɛp]
serbal (m)	vadhë (f)	[váðə]
sauce (m)	shelg (m)	[ʃɛlg]
aliso (m)	verr (m)	[vɛr]
haya (f)	ah (m)	[ah]
olmo (m)	elm (m)	[élm]
fresno (m)	shelg (m)	[ʃɛlg]
castaño (m)	gështenjë (f)	[gəʃtéɲə]
magnolia (f)	manjolia (f)	[maɲólia]
palmera (f)	palma (f)	[pálma]
ciprés (m)	qiparis (m)	[ciparís]
mangle (m)	rizoforë (f)	[rizofórə]
baobab (m)	baobab (m)	[baobáb]
eucalipto (m)	eukalipt (m)	[ɛukalípt]
secoya (f)	sekuojë (f)	[sɛkuójə]

95. Los arbustos

mata (f)	shkurre (f)	[ʃkúrɛ]
arbusto (m)	kaçube (f)	[katʃúbɛ]
vid (f)	hardhi (f)	[harðí]
viñedo (m)	vreshtë (f)	[vréʃtə]
frambueso (m)	mjedër (f)	[mjédər]
grosellero (m) negro	kaliboba e zezë (f)	[kalibóba ɛ zézə]
grosellero (m) rojo	kaliboba e kuqe (f)	[kalibóba ɛ kúcɛ]
grosellero (m) espinoso	shkurre kulumbrie (f)	[ʃkúrɛ kulumbríɛ]
acacia (f)	akacie (f)	[akátsiɛ]
berberís (m)	krespinë (f)	[krɛspínə]
jazmín (m)	jasemin (m)	[jasɛmín]
enebro (m)	dëllinjë (f)	[dətíɲə]
rosal (m)	trëndafil (m)	[trəndafíl]
escaramujo (m)	trëndafil i egër (m)	[trəndafíl i égər]

96. Las frutas. Las bayas

fruto (m)	frut (m)	[frut]
frutos (m pl)	fruta (pl)	[frúta]
manzana (f)	mollë (f)	[móɫə]
pera (f)	dardhë (f)	[dárðə]
ciruela (f)	kumbull (f)	[kúmbuɫ]
fresa (f)	luleshtrydhe (f)	[lulɛʃtrýðɛ]
guinda (f)	qershi vishnje (f)	[cɛrʃí víʃɲɛ]
cereza (f)	qershi (f)	[cɛrʃí]
uva (f)	rrush (m)	[ruʃ]
frambuesa (f)	mjedër (f)	[mjédər]
grosella (f) negra	kaliboba e zezë (f)	[kalibóba ɛ zézə]
grosella (f) roja	kaliboba e kuqe (f)	[kalibóba ɛ kúcɛ]
grosella (f) espinosa	kulumbri (f)	[kulumbrí]
arándano (m) agrio	boronica (f)	[boronítsa]
naranja (f)	portokall (m)	[portokáɫ]
mandarina (f)	mandarinë (f)	[mandarínə]
piña (f)	ananas (m)	[ananás]
banana (f)	banane (f)	[banánɛ]
dátil (m)	hurmë (f)	[húrmə]
limón (m)	limon (m)	[limón]
albaricoque (m)	kajsi (f)	[kajsí]

melocotón (m)	pjeshkë (f)	[pjéʃkə]
kiwi (m)	kivi (m)	[kívi]
toronja (f)	grejpfrut (m)	[grɛjpfrút]

baya (f)	manë (f)	[mánə]
bayas (f pl)	mana (f)	[mána]
arándano (m) rojo	boronicë mirtile (f)	[boronítsə mirtílɛ]
fresa (f) silvestre	luleshtrydhe e egër (f)	[lulɛʃtrýðɛ ɛ égər]
arándano (m)	boronicë (f)	[boronítsə]

97. Las flores. Las plantas

| flor (f) | lule (f) | [lúlɛ] |
| ramo (m) de flores | buqetë (f) | [bucétə] |

rosa (f)	trëndafil (m)	[trəndafíl]
tulipán (m)	tulipan (m)	[tulipán]
clavel (m)	karafil (m)	[karafíl]
gladiolo (m)	gladiolë (f)	[gladiólə]

aciano (m)	lule misri (f)	[lúlɛ mísri]
campanilla (f)	lule këmborë (f)	[lúlɛ kəmbórə]
diente (m) de león	luleradhiqe (f)	[lulɛraðícɛ]
manzanilla (f)	kamomil (m)	[kamomíl]

áloe (m)	aloe (f)	[alóɛ]
cacto (m)	kaktus (m)	[kaktús]
ficus (m)	fikus (m)	[fíkus]

azucena (f)	zambak (m)	[zambák]
geranio (m)	barbarozë (f)	[barbarózə]
jacinto (m)	zymbyl (m)	[zymbýl]

mimosa (f)	mimoza (f)	[mimóza]
narciso (m)	narcis (m)	[nartsís]
capuchina (f)	lule këmbore (f)	[lúlɛ kəmbórɛ]

orquídea (f)	orkide (f)	[orkidé]
peonía (f)	bozhure (f)	[boʒúrɛ]
violeta (f)	vjollcë (f)	[vjóɬtsə]

trinitaria (f)	lule vjollca (f)	[lúlɛ vjóɬtsa]
nomeolvides (f)	mosmëharro (f)	[mosməharó]
margarita (f)	margaritë (f)	[margarítə]

amapola (f)	lulëkuqe (f)	[luləkúcɛ]
cáñamo (m)	kërp (m)	[kə́rp]
menta (f)	mendër (f)	[méndər]
muguete (m)	zambak i fushës (m)	[zambák i fúʃəs]
campanilla (f) de las nieves	luleborë (f)	[lulɛbórə]

ortiga (f)	hithra (f)	[híθra]
acedera (f)	lëpjeta (f)	[ləpjéta]
nenúfar (m)	zambak uji (m)	[zambák új¡]
helecho (m)	fier (m)	[fíɛr]
liquen (m)	likene (f)	[likénɛ]

invernadero (m) tropical	serrë (f)	[sérə]
césped (m)	lëndinë (f)	[ləndínə]
macizo (m) de flores	kënd lulishteje (m)	[kənd lulíʃtɛjɛ]

planta (f)	bimë (f)	[bímə]
hierba (f)	bar (m)	[bar]
hoja (f) de hierba	fije bari (f)	[fíjɛ bári]

hoja (f)	gjeth (m)	[ɟɛθ]
pétalo (m)	petale (f)	[pɛtálɛ]
tallo (m)	bisht (m)	[biʃt]
tubérculo (m)	zhardhok (m)	[ʒarðók]

| retoño (m) | filiz (m) | [filíz] |
| espina (f) | gjemb (m) | [ɟémb] |

florecer (vi)	lulëzoj	[luləzój]
marchitarse (vr)	vyshket	[výʃkɛt]
olor (m)	aromë (f)	[arómə]
cortar (vt)	pres lulet	[prɛs lúlɛt]
coger (una flor)	mbledh lule	[mbléð lúlɛ]

98. Los cereales, los granos

grano (m)	drithë (m)	[dríθə]
cereales (m pl) (plantas)	drithëra (pl)	[dríθəra]
espiga (f)	kaush (m)	[kaúʃ]

trigo (m)	grurë (f)	[grúrə]
centeno (m)	thekër (f)	[θékər]
avena (f)	tërshërë (f)	[tərʃérə]

| mijo (m) | mel (m) | [mɛl] |
| cebada (f) | elb (m) | [ɛlb] |

maíz (m)	misër (m)	[mísər]
arroz (m)	oriz (m)	[oríz]
alforfón (m)	hikërr (m)	[híkər]

guisante (m)	bizele (f)	[bizélɛ]
fréjol (m)	groshë (f)	[grófə]
soya (f)	sojë (f)	[sójə]
lenteja (f)	thjerrëz (f)	[θjérəz]
habas (f pl)	fasule (f)	[fasúlɛ]

LOS PAÍSES

T&P Books Publishing

Afganistán (m)	**Afganistan** (m)	[afganistán]
Albania (f)	**Shqipëri** (f)	[ʃcipərí]
Alemania (f)	**Gjermani** (f)	[ɟɛrmaní]
Arabia (f) Saudita	**Arabia Saudite** (f)	[arabía saudítɛ]
Argentina (f)	**Argjentinë** (f)	[arɟɛntínə]
Armenia (f)	**Armeni** (f)	[armɛní]
Australia (f)	**Australia** (f)	[australía]
Austria (f)	**Austri** (f)	[austrí]
Azerbaiyán (m)	**Azerbajxhan** (m)	[azɛrbajdʒán]
Bangladesh (m)	**Bangladesh** (m)	[baŋladéʃ]
Bélgica (f)	**Belgjikë** (f)	[bɛlʝíkə]
Bielorrusia (f)	**Bjellorusi** (f)	[bjɛɫorusí]
Bolivia (f)	**Bolivi** (f)	[boliví]
Bosnia y Herzegovina	**Bosnje Herzegovina** (f)	[bósɲɛ hɛrzɛgovína]
Brasil (m)	**Brazil** (m)	[brazíl]
Bulgaria (f)	**Bullgari** (f)	[buɫgarí]
Camboya (f)	**Kamboxhia** (f)	[kambódʒia]
Canadá (f)	**Kanada** (f)	[kanadá]
Chequia (f)	**Republika Çeke** (f)	[rɛpublíka tʃékɛ]
Chile (m)	**Kili** (m)	[kíli]
China (f)	**Kinë** (f)	[kínə]
Chipre (m)	**Qipro** (f)	[cípro]
Colombia (f)	**Kolumbi** (f)	[kolumbí]
Corea (f) del Norte	**Korea e Veriut** (f)	[koréa ɛ vériut]
Corea (f) del Sur	**Korea e Jugut** (f)	[koréa ɛ júgut]
Croacia (f)	**Kroaci** (f)	[kroatsí]
Cuba (f)	**Kuba** (f)	[kúba]
Dinamarca (f)	**Danimarkë** (f)	[danimárkə]
Ecuador (m)	**Ekuador** (m)	[ɛkuadór]
Egipto (m)	**Egjipt** (m)	[ɛʝípt]
Emiratos (m pl) Árabes Unidos	**Emiratet e Bashkuara Arabe** (pl)	[ɛmirátɛt ɛ baʃkúara arábɛ]
Escocia (f)	**Skoci** (f)	[skotsí]
Eslovaquia (f)	**Sllovaki** (f)	[sɫovakí]
Eslovenia	**Sllovenia** (f)	[sɫovɛnía]
España (f)	**Spanjë** (f)	[spáɲə]
Estados Unidos de América	**Shtetet e Bashkuara të Amerikës**	[ʃtétɛt ɛ baʃkúara tə amɛríkəs]
Estonia (f)	**Estoni** (f)	[ɛstoní]
Finlandia (f)	**Finlandë** (f)	[finlándə]
Francia (f)	**Francë** (f)	[frántsə]

100. Los países. Unidad 2

Georgia (f)	Gjeorgji (f)	[ɟɛoɾɟí]
Ghana (f)	Gana (f)	[gána]
Gran Bretaña (f)	Britani e Madhe (f)	[brítani ɛ máðɛ]
Grecia (f)	Greqi (f)	[grɛcí]
Haití (m)	Haiti (m)	[haíti]
Hungría (f)	Hungari (f)	[huŋarí]
India (f)	Indi (f)	[indí]
Indonesia (f)	Indonezi (f)	[indonɛzí]
Inglaterra (f)	Angli (f)	[aŋlí]
Irak (m)	Irak (m)	[irak]
Irán (m)	Iran (m)	[irán]
Irlanda (f)	Irlandë (f)	[irlándə]
Islandia (f)	Islandë (f)	[islándə]
Islas (f pl) Bahamas	Bahamas (m)	[bahámas]
Israel (m)	Izrael (m)	[izraél]
Italia (f)	Itali (f)	[italí]
Jamaica (f)	Xhamajka (f)	[dʒamájka]
Japón (m)	Japoni (f)	[japoní]
Jordania (f)	Jordani (f)	[jordaní]
Kazajstán (m)	Kazakistan (m)	[kazakistán]
Kenia (f)	Kenia (f)	[kénia]
Kirguizistán (m)	Kirgistan (m)	[kirgistán]
Kuwait (m)	Kuvajt (m)	[kuvájt]
Laos (m)	Laos (m)	[láos]
Letonia (f)	Letoni (f)	[lɛtoní]
Líbano (m)	Liban (m)	[libán]
Libia (f)	Libia (f)	[libía]
Liechtenstein (m)	Lichtenstein (m)	[litshtɛnstéin]
Lituania (f)	Lituani (f)	[lituaní]
Luxemburgo (m)	Luksemburg (m)	[luksɛmbúrg]
Macedonia	Maqedonia (f)	[macɛdonía]
Madagascar (m)	Madagaskar (m)	[madagaskár]
Malasia (f)	Malajzi (f)	[malajzí]
Malta (f)	Maltë (f)	[máltə]
Marruecos (m)	Marok (m)	[marók]
Méjico (m)	Meksikë (f)	[mɛksíkə]
Moldavia (f)	Moldavi (f)	[moldaví]
Mónaco (m)	Monako (f)	[monáko]
Mongolia (f)	Mongoli (f)	[moŋolí]
Montenegro (m)	Mali i Zi (m)	[máli i zí]
Myanmar (m)	Mianmar (m)	[mianmár]

101. Los países. Unidad 3

Namibia (f)	**Namibia** (f)	[namíbia]
Nepal (m)	**Nepal** (m)	[nɛpál]
Noruega (f)	**Norvegji** (f)	[norvɛʝí]
Nueva Zelanda (f)	**Zelandë e Re** (f)	[zɛlándə ɛ ré]

Países Bajos (m pl)	**Holandë** (f)	[holándə]
Pakistán (m)	**Pakistan** (m)	[pakistán]
Palestina (f)	**Palestinë** (f)	[palɛstínə]
Panamá (f)	**Panama** (f)	[panamá]
Paraguay (m)	**Paraguai** (m)	[paraguái]
Perú (m)	**Peru** (f)	[pɛrú]
Polinesia (f) Francesa	**Polinezia Franceze** (f)	[polinɛzía frantsézɛ]
Polonia (f)	**Poloni** (f)	[poloní]
Portugal (m)	**Portugali** (f)	[portugalí]

República (f) Dominicana	**Republika Dominikane** (f)	[rɛpublíka dominikánɛ]
República (f) Sudafricana	**Afrika e Jugut** (f)	[afríka ɛ júgut]
Rumania (f)	**Rumani** (f)	[rumaní]
Rusia (f)	**Rusi** (f)	[rusí]

Senegal (m)	**Senegal** (m)	[sɛnɛgál]
Serbia (f)	**Serbi** (f)	[sɛrbí]
Siria (f)	**Siri** (f)	[sirí]
Suecia (f)	**Suedi** (f)	[suɛdí]
Suiza (f)	**Zvicër** (f)	[zvítsər]
Surinam (m)	**Surinam** (m)	[surinám]

Tayikistán (m)	**Taxhikistan** (m)	[tadʒikistán]
Tailandia (f)	**Tajlandë** (f)	[tajlándə]
Taiwán (m)	**Tajvan** (m)	[tajván]
Tanzania (f)	**Tanzani** (f)	[tanzaní]
Tasmania (f)	**Tasmani** (f)	[tasmaní]
Túnez (m)	**Tunizi** (f)	[tunizí]
Turkmenistán (m)	**Turkmenistan** (m)	[turkmɛnistán]
Turquía (f)	**Turqi** (f)	[turcí]

Ucrania (f)	**Ukrainë** (f)	[ukraínə]
Uruguay (m)	**Uruguai** (m)	[uruguái]
Uzbekistán (m)	**Uzbekistan** (m)	[uzbɛkistán]
Vaticano (m)	**Vatikan** (m)	[vatikán]
Venezuela (f)	**Venezuelë** (f)	[vɛnɛzuélə]
Vietnam (m)	**Vietnam** (m)	[viɛtnám]
Zanzíbar (m)	**Zanzibar** (m)	[zanzibár]

GLOSARIO GASTRONÓMICO

Esta sección contiene una gran cantidad de palabras y términos asociados con la comida. Este diccionario le hará más fácil la comprensión del menú de un restaurante y la elección del plato adecuado

T&P Books Publishing

Español-Albanés glosario gastronómico

Español	Albanés	Pronunciación
¡Que aproveche!	Të bëftë mirë!	[tə bəftə mírə!]
abrebotellas (m)	hapëse shishesh (f)	[hapəsé ʃíʃɛʃ]
abrelatas (m)	hapëse kanoçesh (f)	[hapəsé kanótʃɛʃ]
aceite (m) de girasol	vaj luledielli (m)	[vaj lulɛdiéti]
aceite (m) de oliva	vaj ulliri (m)	[vaj utíri]
aceite (m) vegetal	vaj vegjetal (m)	[vaj vɛɟɛtál]
agua (f)	ujë (m)	[újə]
agua (f) mineral	ujë mineral (m)	[újə minɛrál]
agua (f) potable	ujë i pijshëm (m)	[újə i píjʃəm]
aguacate (m)	avokado (f)	[avokádo]
ahumado (adj)	i tymosur	[i tymósur]
ajo (m)	hudhër (f)	[húðər]
albahaca (f)	borzilok (m)	[borzilók]
albaricoque (m)	kajsi (f)	[kajsí]
alcachofa (f)	angjinare (f)	[anɟináɾɛ]
alforfón (m)	hikërr (m)	[híkər]
almendra (f)	bajame (f)	[bajámɛ]
almuerzo (m)	drekë (f)	[drékə]
amargo (adj)	i hidhur	[i híður]
anís (m)	anisetë (f)	[anisétə]
anguila (f)	ngjalë (f)	[nɟálə]
aperitivo (m)	aperitiv (m)	[apɛritív]
apetito (m)	oreks (m)	[oréks]
apio (m)	selino (f)	[sɛlíno]
arándano (m)	boronicë (f)	[boronítsə]
arándano (m) agrio	boronica (f)	[boronítsa]
arándano (m) rojo	boronicë mirtile (f)	[boronítsə mirtílɛ]
arenque (m)	harengë (f)	[haréŋə]
arroz (m)	oriz (m)	[oríz]
atún (m)	tunë (f)	[túnə]
avellana (f)	lajthi (f)	[lajθí]
avena (f)	tërshërë (f)	[tərʃérə]
azúcar (m)	sheqer (m)	[ʃɛcér]
azafrán (m)	shafran (m)	[ʃafrán]
azucarado, dulce (adj)	i ëmbël	[i émbəl]
bacalao (m)	merluc (m)	[mɛrlúts]
banana (f)	banane (f)	[banánɛ]
bar (m)	pab (m), pijetore (f)	[pab], [pijɛtórɛ]
barman (m)	banakier (m)	[banakiér]
batido (m)	milkshake (f)	[milkʃákɛ]
baya (f)	manë (f)	[mánə]
bayas (f pl)	mana (f)	[mána]
bebida (f) sin alcohol	pije e lehtë (f)	[píjɛ ɛ léhtə]
bebidas (f pl) alcohólicas	likere (pl)	[likérɛ]

beicon (m)	proshutë (f)	[proʃútə]
berenjena (f)	patëllxhan (m)	[patəɫdʒán]
bistec (m)	biftek (m)	[bifték]
bocadillo (m)	sandviç (m)	[sandvítʃ]
boleto (m) áspero	porcinela (f)	[portsinéla]
boleto (m) castaño	kërpudhë kapuç-verdhë (f)	[kərpúðə kapútʃ-vérðə]
brócoli (m)	brokoli (m)	[brókoli]
brema (f)	krapuliq (m)	[krapulíc]
cóctel (m)	koktej (m)	[koktéj]
caballa (f)	skumbri (m)	[skúmbri]
cacahuete (m)	kikirik (m)	[kikirík]
café (m)	kafe (f)	[káfɛ]
café (m) con leche	kafe me qumësht (m)	[káfɛ mɛ cúməʃt]
café (m) solo	kafe e zezë (f)	[káfɛ ɛ zézə]
café (m) soluble	neskafe (f)	[nɛskáfɛ]
calabacín (m)	kungulleshë (m)	[kuɲuɫéʃə]
calabaza (f)	kungull (m)	[kúɲuɫ]
calamar (m)	kallamarë (f)	[kaɫamárə]
caldo (m)	lëng mishi (m)	[lən míʃi]
caliente (adj)	i nxehtë	[i ndzéhtə]
caloría (f)	kalori (f)	[kalorí]
camarón (m)	karkalec (m)	[karkaléts]
camarera (f)	kameriere (f)	[kamɛriérɛ]
camarero (m)	kamerier (m)	[kamɛriér]
canela (f)	kanellë (f)	[kanéɫə]
cangrejo (m) de mar	gaforre (f)	[gafórɛ]
capuchino (m)	kapuçino (m)	[kaputʃíno]
caramelo (m)	karamele (f)	[karamélɛ]
carbohidratos (m pl)	karbohidrat (m)	[karbohidrát]
carne (m)	mish (m)	[miʃ]
carne (f) de carnero	mish qengji (m)	[miʃ céɲɟi]
carne (f) de cerdo	mish derri (m)	[miʃ déri]
carne (f) de ternera	mish viçi (m)	[miʃ vítʃi]
carne (f) de vaca	mish lope (m)	[miʃ lópɛ]
carne (f) picada	hamburger (m)	[hamburgér]
carpa (f)	krap (m)	[krap]
carta (f) de vinos	menu verërash (f)	[mɛnú vérəraʃ]
carta (f), menú (m)	menu (f)	[mɛnú]
caviar (m)	havjar (m)	[havjár]
caza (f) menor	gjah (m)	[ɟáh]
cebada (f)	elb (m)	[ɛlb]
cebolla (f)	qepë (f)	[cépə]
cena (f)	darkë (f)	[dárkə]
centeno (m)	thekër (f)	[θékər]
cereales (m pl)	drithëra (pl)	[dríθəra]
cereales (m pl) integrales	drithëra (pl)	[dríθəra]
cereza (f)	qershi (f)	[cɛrʃí]
cerveza (f)	birrë (f)	[bírə]
cerveza (f) negra	birrë e zezë (f)	[bírə ɛ zézə]
cerveza (f) rubia	birrë e lehtë (f)	[bírə ɛ léhtə]
champaña (f)	shampanjë (f)	[ʃampáɲə]

chicle (m)	çamçakëz (m)	[tʃamtʃakéz]
chocolate (m)	çokollatë (f)	[tʃokołátə]
cilantro (m)	koriandër (m)	[koriándər]
ciruela (f)	kumbull (f)	[kúmbuł]
clara (f)	e bardhë veze (f)	[ɛ bárðə vézɛ]
clavo (m)	karafil (m)	[karafíl]
coñac (m)	konjak (m)	[koɲák]
cocido en agua (adj)	i zier	[i zíɛr]
cocina (f)	kuzhinë (f)	[kuʒínə]
col (f)	lakër (f)	[lákər]
col (f) de Bruselas	lakër Brukseli (f)	[lákər brukséli]
coliflor (f)	lulelakër (f)	[lulɛlákər]
colmenilla (f)	morele (f)	[morélɛ]
comida (f)	ushqim (m)	[uʃcím]
comino (m)	kumin (m)	[kumín]
con gas	ujë i gazuar	[újə i gazúar]
con hielo	me akull	[mɛ ákuł]
condimento (m)	salcë (f)	[sáltsə]
conejo (m)	mish lepuri (m)	[miʃ lépuri]
confitura (f)	reçel (m)	[rɛtʃél]
confitura (f)	reçel (m)	[rɛtʃél]
congelado (adj)	i ngrirë	[i ŋrírə]
conservas (f pl)	konserva (f)	[konsérva]
copa (f) de vino	gotë vere (f)	[gótə vérɛ]
copos (m pl) de maíz	kornfleiks (m)	[kornfléiks]
crema (f) de mantequilla	krem gjalpi (m)	[krɛm ɟálpi]
crustáceos (m pl)	krustace (pl)	[krustátsɛ]
cuchara (f)	lugë (f)	[lúgə]
cuchara (f) de sopa	lugë gjelle (f)	[lúgə ɟétɛ]
cucharilla (f)	lugë çaji (f)	[lúgə tʃáji]
cuchillo (m)	thikë (f)	[θíkə]
cuenta (f)	faturë (f)	[fatúrə]
dátil (m)	hurmë (f)	[húrmə]
de chocolate (adj)	prej çokollate	[prɛj tʃokołátɛ]
desayuno (m)	mëngjes (m)	[mənɟés]
dieta (f)	dietë (f)	[diétə]
eneldo (m)	kopër (f)	[kópər]
ensalada (f)	sallatë (f)	[sałátə]
entremés (m)	antipastë (f)	[antipástə]
espárrago (m)	asparagus (m)	[asparágus]
espagueti (m)	shpageti (pl)	[ʃpagéti]
especia (f)	erëz (f)	[érəz]
espiga (f)	kaush (m)	[kaúʃ]
espinaca (f)	spinaq (m)	[spinác]
esturión (m)	bli (m)	[blí]
fletán (m)	shojzë e Atlantikut Verior (f)	[ʃójzə ɛ atlantíkut vɛriór]
fréjol (m)	groshë (f)	[grófʃə]
frío (adj)	i ftohtë	[i ftóhtə]
frambuesa (f)	mjedër (f)	[mjédər]
fresa (f)	luleshtrydhe (f)	[lulɛʃtrýðɛ]
fresa (f) silvestre	luleshtrydhe e egër (f)	[lulɛʃtrýðɛ ɛ égər]

frito (adj)	i skuqur	[i skúcur]
fruto (m)	frut (m)	[frut]
frutos (m pl)	fruta (pl)	[frúta]
gachas (f pl)	qull (m)	[cuɫ]
galletas (f pl)	biskota (pl)	[biskóta]
gallina (f)	pulë (f)	[púlə]
ganso (m)	patë (f)	[pátə]
gaseoso (adj)	ujë i karbonuar	[újə i karbonúar]
ginebra (f)	xhin (m)	[dʒin]
gofre (m)	vafera (pl)	[vaféra]
granada (f)	shegë (f)	[ʃégə]
grano (m)	drithë (m)	[dríθə]
grasas (f pl)	yndyrë (f)	[yndýrə]
grosella (f) espinosa	kulumbri (f)	[kulumbrí]
grosella (f) negra	kaliboba e zezë (f)	[kalibóba ɛ zézə]
grosella (f) roja	kaliboba e kuqe (f)	[kalibóba ɛ kúcɛ]
guarnición (f)	garniturë (f)	[garnitúrə]
guinda (f)	qershi vishnje (f)	[cɛrʃí víʃɲɛ]
guisante (m)	bizele (f)	[bizélɛ]
hígado (m)	mëlçi (f)	[məltʃí]
habas (f pl)	fasule (f)	[fasúlɛ]
hamburguesa (f)	hamburger	[hamburgér]
harina (f)	miell (m)	[míɛɫ]
helado (m)	akullore (f)	[akuɫórɛ]
hielo (m)	akull (m)	[ákuɫ]
higo (m)	fik (m)	[fik]
hoja (f) de laurel	gjeth dafine (m)	[ɟɛθ dafínɛ]
huevo (m)	ve (f)	[vɛ]
huevos (m pl)	vezë (pl)	[vézə]
huevos (m pl) fritos	vezë të skuqura (pl)	[vézə tə skúcura]
jamón (m)	sallam (m)	[saɫám]
jamón (m) fresco	kofshë derri (f)	[kófʃə déri]
jengibre (m)	xhenxhefil (m)	[dʒɛndʒɛfíl]
jugo (m) de tomate	lëng domatesh (m)	[ləŋ domátɛʃ]
kiwi (m)	kivi (m)	[kívi]
langosta (t)	karavidhe (f)	[karavíðɛ]
leche (f)	qumësht (m)	[cúməʃt]
leche (f) condensada	qumësht i kondensuar (m)	[cúməʃt i kondɛnsúar]
lechuga (f)	sallatë jeshile (f)	[saɫátə jɛʃílɛ]
legumbres (f pl)	perime (pl)	[pɛrímɛ]
lengua (f)	gjuhë (f)	[ɟúhə]
lenguado (m)	shojzë (f)	[ʃójzə]
lenteja (f)	thjerrëz (f)	[θjérəz]
licor (m)	liker (m)	[likér]
limón (m)	limon (m)	[limón]
limonada (f)	limonadë (f)	[limonádə]
loncha (f)	fetë (f)	[fétə]
lucio (m)	mlysh (m)	[mlýʃ]
lucioperca (f)	troftë (f)	[tróftə]
maíz (m)	misër (m)	[mísər]
maíz (m)	misër (m)	[mísər]
macarrones (m pl)	makarona (f)	[makaróna]

mandarina (f)	mandarinë (f)	[mandarínə]
mango (m)	mango (f)	[máŋo]
mantequilla (f)	gjalp (m)	[ɟalp]
manzana (f)	mollë (f)	[mółə]
margarina (f)	margarinë (f)	[margarínə]
marinado (adj)	i marinuar	[i marinúar]
mariscos (m pl)	fruta deti (pl)	[frúta déti]
matamoscas (m)	kësulkuqe (f)	[kəsulkúcɛ]
mayonesa (f)	majonezë (f)	[majonézə]
melón (m)	pjepër (m)	[pjépər]
melocotón (m)	pjeshkë (f)	[pjéʃkə]
mermelada (f)	marmelatë (f)	[marmɛlátə]
miel (f)	mjaltë (f)	[mjáltə]
miga (f)	dromcë (f)	[drómtsə]
mijo (m)	mel (m)	[mɛl]
mini tarta (f)	kek (m)	[kék]
mondadientes (m)	kruajtëse dhëmbësh (f)	[krúajtəsɛ ðémbəʃ]
mostaza (f)	mustardë (f)	[mustárdə]
nabo (m)	rrepë (f)	[répə]
naranja (f)	portokall (m)	[portokáł]
nata (f) agria	salcë kosi (f)	[sáltsə kosi]
nata (f) líquida	krem qumështi (m)	[krɛm cúməʃti]
nuez (f)	arrë (f)	[árə]
nuez (f) de coco	arrë kokosi (f)	[árə kokósi]
olivas, aceitunas (f pl)	ullinj (pl)	[ułíɲ]
oronja (f) verde	kërpudha e vdekjes (f)	[kərpúða ɛ vdékjɛs]
ostra (f)	midhje (f)	[míðjɛ]
pan (m)	bukë (f)	[búkə]
papaya (f)	papaja (f)	[papája]
paprika (f)	spec (m)	[spɛts]
pasas (f pl)	rrush i thatë (m)	[ruʃ i θátə]
pasteles (m pl)	ëmbëlsira (pl)	[əmbəlsíra]
paté (m)	pate (f)	[paté]
patata (f)	patate (f)	[patátɛ]
pato (m)	rosë (f)	[rósə]
pava (f)	mish gjel deti (m)	[miʃ ɟɛl déti]
pedazo (m)	copë (f)	[tsópə]
pepino (m)	kastravec (m)	[kastravéts]
pera (f)	dardhë (f)	[dárðə]
perca (f)	perç (m)	[pɛrtʃ]
perejil (m)	majdanoz (m)	[majdanóz]
pescado (m)	peshk (m)	[pɛʃk]
piña (f)	ananas (m)	[ananás]
piel (f)	lëkurë (f)	[ləkúrə]
pimienta (f) negra	piper i zi (m)	[pipér i zi]
pimienta (f) roja	piper i kuq (m)	[pipér i kuc]
pimiento (m) dulce	spec (m)	[spɛts]
pistachos (m pl)	fëstëk (m)	[fəsték]
pizza (f)	pica (f)	[pítsa]
platillo (m)	pjatë filxhani (f)	[pjáte fildʒáni]
plato (m)	pjatë (f)	[pjátə]
plato (m)	pjatë (f)	[pjátə]

pomelo (m)	grejpfrut (m)	[grɛjpfrút]
porción (f)	racion (m)	[ratsión]
postre (m)	ëmbëlsirë (f)	[əmbəlsírə]
propina (f)	bakshish (m)	[bakʃíʃ]
proteínas (f pl)	proteinë (f)	[protɛínə]
pudin (m)	puding (m)	[pudín]
puré (m) de patatas	pure patatesh (f)	[puré patátɛʃ]
queso (m)	djath (m)	[djáθ]
rábano (m)	rrepkë (f)	[répkə]
rábano (m) picante	rrepë djegëse (f)	[répə djégəsɛ]
rúsula (f)	rusula (f)	[rúsula]
rebozuelo (m)	shanterele (f)	[ʃantɛrélɛ]
receta (f)	recetë (f)	[rɛtsétə]
refresco (m)	pije freskuese (f)	[píjɛ frɛskúɛsɛ]
regusto (m)	shije (f)	[ʃíjɛ]
relleno (m)	mbushje (f)	[mbúʃjɛ]
remolacha (f)	panxhar (m)	[pandʒár]
ron (m)	rum (m)	[rum]
sésamo (m)	susam (m)	[susám]
sabor (m)	shije (f)	[ʃíjɛ]
sabroso (adj)	i shijshëm	[i ʃíjʃəm]
sacacorchos (m)	turjelë tapash (f)	[turjélə tápaʃ]
sal (f)	kripë (f)	[krípə]
salado (adj)	i kripur	[i krípur]
salchichón (m)	salsiçe (f)	[salsítʃɛ]
salchicha (f)	salsiçe vjeneze (f)	[salsítʃɛ vjɛnézɛ]
salmón (m)	salmon (m)	[salmón]
salmón (m) del Atlántico	salmon Atlantiku (m)	[salmón atlantíku]
salsa (f)	salcë (f)	[sáltsə]
sandía (f)	shalqi (m)	[ʃalcí]
sardina (f)	sardele (f)	[sardélɛ]
seco (adj)	i tharë	[i θárə]
seta (f)	kërpudhë (f)	[kərpúðə]
seta (f) comestible	kërpudhë ushqyese (f)	[kərpúðə uʃcýɛsɛ]
seta (f) venenosa	kërpudhë helmuese (f)	[kərpúðə hɛlmúɛsɛ]
seta calabaza (f)	porcini (m)	[portsíni]
siluro (m)	mustak (m)	[musták]
sin alcohol	jo alkoolik	[jo alkoolík]
sin gas	ujë natyral	[újə natyrál]
sopa (f)	supë (f)	[súpə]
soya (f)	sojë (f)	[sójə]
té (m)	çaj (m)	[tʃáj]
té (m) negro	çaj i zi (m)	[tʃáj i zí]
té (m) verde	çaj jeshil (m)	[tʃáj jɛʃíl]
tallarines (m pl)	makarona petë (f)	[makaróna pétə]
tarta (f)	tortë (f)	[tórtə]
tarta (f)	tortë (f)	[tórtə]
taza (f)	filxhan (m)	[fildʒán]
tenedor (m)	pirun (m)	[pirún]
tiburón (m)	peshkaqen (m)	[pɛʃkacén]
tomate (m)	domate (f)	[domátɛ]
tortilla (f) francesa	omëletë (f)	[oməlétə]

trigo (m)	**grurë** (f)	[grúrə]
trucha (f)	**troftë** (f)	[tróftə]
uva (f)	**rrush** (m)	[ruʃ]
vaso (m)	**gotë** (f)	[gótə]
vegetariano (adj)	**vegjetarian**	[vɛɟɛtarián]
vegetariano (m)	**vegjetarian** (m)	[vɛɟɛtarián]
verduras (f pl)	**zarzavate** (pl)	[zarzavátɛ]
vermú (m)	**vermut** (m)	[vɛrmút]
vinagre (m)	**uthull** (f)	[úθuɫ]
vino (m)	**verë** (f)	[vérə]
vino (m) blanco	**verë e bardhë** (f)	[vérə ɛ bárðə]
vino (m) tinto	**verë e kuqe** (f)	[vérə ɛ kúcɛ]
vitamina (f)	**vitaminë** (f)	[vitamínə]
vodka (m)	**vodkë** (f)	[vódkə]
whisky (m)	**uiski** (m)	[víski]
yema (f)	**e verdhë veze** (f)	[ɛ vérðə vézɛ]
yogur (m)	**kos** (m)	[kos]
zanahoria (f)	**karotë** (f)	[karótə]
zarzamoras (f pl)	**manaferra** (f)	[manaféra]
zumo (m) de naranja	**lëng portokalli** (m)	[ləŋ portokáɫi]
zumo (m) fresco	**lëng frutash i freskët** (m)	[ləŋ frútaʃ i fréskət]
zumo (m), jugo (m)	**lëng frutash** (m)	[ləŋ frútaʃ]

çaj (m)	[tʃáj]	té (m)
çaj i zi (m)	[tʃáj i zí]	té (m) negro
çaj jeshil (m)	[tʃáj jɛʃíl]	té (m) verde
çamçakëz (m)	[tʃamtʃakéz]	chicle (m)
çokollatë (f)	[tʃokołátə]	chocolate (m)
ëmbëlsirë (f)	[əmbəlsírə]	postre (m)
ëmbëlsira (pl)	[əmbəlsíra]	pasteles (m pl)
akull (m)	[ákuł]	hielo (m)
akullore (f)	[akułórɛ]	helado (m)
ananas (m)	[ananás]	piña (f)
angjinare (f)	[anɟinárɛ]	alcachofa (f)
anisetë (f)	[anisétə]	anís (m)
antipastë (f)	[antipástə]	entremés (m)
aperitiv (m)	[apɛritív]	aperitivo (m)
arrë (f)	[árə]	nuez (f)
arrë kokosi (f)	[árə kokósi]	nuez (f) de coco
asparagus (m)	[asparágus]	espárrago (m)
avokado (f)	[avokádo]	aguacate (m)
bajame (f)	[bajámɛ]	almendra (f)
bakshish (m)	[bakʃíʃ]	propina (f)
banakier (m)	[banakiér]	barman (m)
banane (f)	[banánɛ]	banana (f)
biftek (m)	[bifték]	bistec (m)
birrë (f)	[bírə]	cerveza (f)
birrë e lehtë (f)	[bírə ɛ léhtə]	cerveza (f) rubia
birrë e zezë (f)	[bírə ɛ zézə]	cerveza (f) negra
biskota (pl)	[biskóta]	galletas (f pl)
bizele (f)	[bizélɛ]	guisante (m)
bli (m)	[blí]	esturión (m)
boronicë (f)	[boronítsə]	arándano (m)
boronicë mirtile (f)	[boronítsə mirtílɛ]	arándano (m) rojo
boronica (f)	[boronítsa]	arándano (m) agrio
borzilok (m)	[borzilók]	albahaca (f)
brokoli (m)	[brókoli]	brócoli (m)
bukë (f)	[búkə]	pan (m)
copë (f)	[tsópə]	pedazo (m)
dardhë (f)	[dárðə]	pera (f)
darkë (f)	[dárkə]	cena (f)
dietë (f)	[diétə]	dieta (f)
djath (m)	[djáθ]	queso (m)
domate (f)	[domátɛ]	tomate (m)
drekë (f)	[drékə]	almuerzo (m)
drithë (m)	[dríθə]	grano (m)
drithëra (pl)	[dríθəra]	cereales (m pl) integrales

drithëra (pl)	[dríθəra]	cereales (m pl)
dromcë (f)	[drómtsə]	miga (f)
e bardhë veze (f)	[ɛ bárðə vézɛ]	clara (f)
e verdhë veze (f)	[ɛ vérðə vézɛ]	yema (f)
elb (m)	[ɛlb]	cebada (f)
erëz (f)	[érəz]	especia (f)
fëstëk (m)	[fəsték]	pistachos (m pl)
fasule (f)	[fasúlɛ]	habas (f pl)
faturë (f)	[fatúrə]	cuenta (f)
fetë (f)	[fétə]	loncha (f)
fik (m)	[fik]	higo (m)
filxhan (m)	[fildʒán]	taza (f)
frut (m)	[frut]	fruto (m)
fruta (pl)	[frúta]	frutos (m pl)
fruta deti (pl)	[frúta déti]	mariscos (m pl)
gaforre (f)	[gafórɛ]	cangrejo (m) de mar
garniturë (f)	[garnitúrə]	guarnición (f)
gjah (m)	[ɟáh]	caza (f) menor
gjalp (m)	[ɟalp]	mantequilla (f)
gjeth dafine (m)	[ɟɛθ dafínɛ]	hoja (f) de laurel
gjuhë (f)	[ɟúhə]	lengua (f)
gotë (f)	[gótə]	vaso (m)
gotë vere (f)	[gótə vérɛ]	copa (f) de vino
grejpfrut (m)	[grɛjpfrút]	pomelo (m)
groshë (f)	[gróʃə]	fréjol (m)
grurë (f)	[grúrə]	trigo (m)
hamburger	[hamburgér]	hamburguesa (f)
hamburger (m)	[hamburgér]	carne (f) picada
hapëse kanoçesh (f)	[hapəsé kanótʃɛʃ]	abrelatas (m)
hapëse shishesh (f)	[hapəsé ʃíʃɛʃ]	abrebotellas (m)
harengë (f)	[haréɲə]	arenque (m)
havjar (m)	[havjár]	caviar (m)
hikërr (m)	[híkər]	alforfón (m)
hudhër (f)	[húðər]	ajo (m)
hurmë (f)	[húrmə]	dátil (m)
i ëmbël	[i émbəl]	azucarado, dulce (adj)
i ftohtë	[i ftóhtə]	frío (adj)
i hidhur	[i híður]	amargo (adj)
i kripur	[i krípur]	salado (adj)
i marinuar	[i marinúar]	marinado (adj)
i ngrirë	[i ɲrírə]	congelado (adj)
i nxehtë	[i ndzéhtə]	caliente (adj)
i shijshëm	[i ʃíjʃəm]	sabroso (adj)
i skuqur	[i skúcur]	frito (adj)
i tharë	[i θárə]	seco (adj)
i tymosur	[i tymósur]	ahumado (adj)
i zier	[i zíɛr]	cocido en agua (adj)
jo alkoolik	[jo alkoolík]	sin alcohol
kërpudhë (f)	[kərpúðə]	seta (f)
kërpudhë helmuese (f)	[kərpúðə hɛlmúɛsɛ]	seta (f) venenosa
kërpudhë kapuç-verdhë (f)	[kərpúðə kapútʃ-vérðə]	boleto (m) castaño

kërpudhë ushqyese (f)	[kərpúðə uʃcýɛsɛ]	seta (f) comestible
kërpudha e vdekjes (f)	[kərpúða ɛ vdékjɛs]	oronja (f) verde
kësulkuqe (f)	[kəsulkúcɛ]	matamoscas (m)
kafe (f)	[káfɛ]	café (m)
kafe e zezë (f)	[káfɛ ɛ zézə]	café (m) solo
kafe me qumësht (m)	[káfɛ mɛ cúməʃt]	café (m) con leche
kajsi (f)	[kajsí]	albaricoque (m)
kaliboba e kuqe (f)	[kalibóba ɛ kúcɛ]	grosella (f) roja
kaliboba e zezë (f)	[kalibóba ɛ zézə]	grosella (f) negra
kallamarë (f)	[kałamárə]	calamar (m)
kalori (f)	[kalorí]	caloría (f)
kamerier (m)	[kamɛriéɾ]	camarero (m)
kameriere (f)	[kamɛriérɛ]	camarera (f)
kanellë (f)	[kanéłə]	canela (f)
kapuçino (m)	[kaputʃíno]	capuchino (m)
karafil (m)	[karafíl]	clavo (m)
karamele (f)	[karamélɛ]	caramelo (m)
karavidhe (f)	[karavíðɛ]	langosta (f)
karbohidrat (m)	[karbohidrát]	carbohidratos (m pl)
karkalec (m)	[karkaléts]	camarón (m)
karotë (f)	[karótə]	zanahoria (f)
kastravec (m)	[kastravéts]	pepino (m)
kaush (m)	[kaúʃ]	espiga (f)
kek (m)	[kék]	mini tarta (f)
kikirik (m)	[kikirík]	cacahuete (m)
kivi (m)	[kívi]	kiwi (m)
kofshë derri (f)	[kófʃə déri]	jamón (m) fresco
koktej (m)	[koktéj]	cóctel (m)
konjak (m)	[koɲák]	coñac (m)
konserva (f)	[konsérva]	conservas (f pl)
kopër (f)	[kópəɾ]	eneldo (m)
koriandër (m)	[koriándəɾ]	cilantro (m)
kornfleiks (m)	[kornfléiks]	copos (m pl) de maíz
kos (m)	[kos]	yogur (m)
krap (m)	[krap]	carpa (f)
krapuliq (m)	[krapulíc]	brema (f)
krem gjalpi (m)	[krɛm ɟálpi]	crema (f) de mantequilla
krem qumështi (m)	[krɛm cúməʃti]	nata (f) líquida
kripë (f)	[krípə]	sal (f)
kruajtëse dhëmbësh (f)	[krúajtəsɛ ðémbəʃ]	mondadientes (m)
krustace (pl)	[krustátsɛ]	crustáceos (m pl)
kulumbri (f)	[kulumbrí]	grosella (f) espinosa
kumbull (f)	[kúmbuł]	ciruela (f)
kumin (m)	[kumín]	comino (m)
kungull (m)	[kúɲuł]	calabaza (f)
kungulleshë (m)	[kuɲułéʃə]	calabacín (m)
kuzhinë (f)	[kuʒínə]	cocina (f)
lëkurë (f)	[ləkúrə]	piel (f)
lëng domatesh (m)	[ləŋ domátɛʃ]	jugo (m) de tomate
lëng frutash (m)	[ləŋ frútaʃ]	zumo (m), jugo (m)
lëng frutash i freskët (m)	[ləŋ frútaʃ i fréskət]	zumo (m) fresco
lëng mishi (m)	[ləŋ míʃi]	caldo (m)

lëng portokalli (m)	[ləŋ portokáɫi]	zumo (m) de naranja
lajthi (f)	[lajθi]	avellana (f)
lakër (f)	[lákər]	col (f)
lakër Brukseli (f)	[lákər brukséli]	col (f) de Bruselas
liker (m)	[likér]	licor (m)
likere (pl)	[likérɛ]	bebidas (f pl) alcohólicas
limon (m)	[limón]	limón (m)
limonadë (f)	[limonádə]	limonada (f)
lugë çaji (f)	[lúgə tʃáji]	cucharilla (f)
lugë (f)	[lúgə]	cuchara (f)
lugë gjelle (f)	[lúgə ɟétɛ]	cuchara (f) de sopa
lulelakër (f)	[lulɛlákər]	coliflor (f)
luleshtrydhe (f)	[lulɛʃtrýðɛ]	fresa (f)
luleshtrydhe e egër (f)	[lulɛʃtrýðɛ ɛ égər]	fresa (f) silvestre
mëlçi (f)	[məltʃí]	hígado (m)
mëngjes (m)	[mənɟés]	desayuno (m)
majdanoz (m)	[majdanóz]	perejil (m)
majonezë (f)	[majonézə]	mayonesa (f)
makarona (f)	[makaróna]	macarrones (m pl)
makarona petë (f)	[makaróna pétə]	tallarines (m pl)
manë (f)	[mánə]	baya (f)
mana (f)	[mána]	bayas (f pl)
manaferra (f)	[manaféra]	zarzamoras (f pl)
mandarinë (f)	[mandarínə]	mandarina (f)
mango (f)	[máŋo]	mango (m)
margarinë (f)	[margarínə]	margarina (f)
marmelatë (f)	[marmɛlátə]	mermelada (f)
mbushje (f)	[mbúʃjɛ]	relleno (m)
me akull	[mɛ ákuɫ]	con hielo
mel (m)	[mɛl]	mijo (m)
menu (f)	[mɛnú]	carta (f), menú (m)
menu vrërash (f)	[mɛnú vérəraʃ]	carta (f) de vinos
merluc (m)	[mɛrlúts]	bacalao (m)
midhje (f)	[míðjɛ]	ostra (f)
miell (m)	[míɛɫ]	harina (f)
milkshake (f)	[milkʃákɛ]	batido (m)
misër (m)	[mísər]	maíz (m)
misër (m)	[mísər]	maíz (m)
mish (m)	[miʃ]	carne (f)
mish derri (m)	[miʃ déri]	carne (f) de cerdo
mish gjel deti (m)	[miʃ ɟɛl déti]	pava (f)
mish lepuri (m)	[miʃ lépuri]	conejo (m)
mish lope (m)	[miʃ lópɛ]	carne (f) de vaca
mish qengji (m)	[miʃ cénɟi]	carne (f) de carnero
mish viçi (m)	[miʃ vítʃi]	carne (f) de ternera
mjaltë (f)	[mjáltə]	miel (f)
mjedër (f)	[mjédər]	frambuesa (f)
mlysh (m)	[mlýʃ]	lucio (m)
mollë (f)	[móɫə]	manzana (f)
morele (f)	[morélɛ]	colmenilla (f)
mustak (m)	[musták]	siluro (m)
mustardë (f)	[mustárdə]	mostaza (f)

neskafe (f)	[nɛskáfɛ]	café (m) soluble
ngjalë (f)	[ɲálə]	anguila (f)
omëletë (f)	[oməlétə]	tortilla (f) francesa
oreks (m)	[oréks]	apetito (m)
oriz (m)	[oríz]	arroz (m)
pab (m), pijetore (f)	[pab], [pijɛtórɛ]	bar (m)
panxhar (m)	[pandʒár]	remolacha (f)
papaja (f)	[papája]	papaya (f)
patë (f)	[pátə]	ganso (m)
patëllxhan (m)	[patəɫdʒán]	berenjena (f)
patate (f)	[patátɛ]	patata (f)
pate (f)	[paté]	paté (m)
perç (m)	[pɛrtʃ]	perca (f)
perime (pl)	[pɛrímɛ]	legumbres (f pl)
peshk (m)	[pɛʃk]	pescado (m)
peshkaqen (m)	[pɛʃkacén]	tiburón (m)
pica (f)	[pítsa]	pizza (f)
pije e lehtë (f)	[píjɛ ɛ léhtə]	bebida (f) sin alcohol
pije freskuese (f)	[píjɛ frɛskúɛsɛ]	refresco (m)
piper i kuq (m)	[pipér i kuc]	pimienta (f) roja
piper i zi (m)	[pipér i zi]	pimienta (f) negra
pirun (m)	[pirún]	tenedor (m)
pjatë (f)	[pjátə]	plato (m)
pjatë (f)	[pjátə]	plato (m)
pjatë filxhani (f)	[pjátə fildʒáni]	platillo (m)
pjepër (m)	[pjépər]	melón (m)
pjeshkë (f)	[pjéʃkə]	melocotón (m)
porcinela (f)	[portsinéla]	boleto (m) áspero
porcini (m)	[portsíni]	seta calabaza (f)
portokall (m)	[portokáɫ]	naranja (f)
prej çokollate	[prɛj tʃokoɫátɛ]	de chocolate (adj)
proshutë (f)	[proʃútə]	beicon (m)
proteinë (f)	[protɛínə]	proteínas (f pl)
puding (m)	[pudíɲ]	pudin (m)
pulë (f)	[púlə]	gallina (f)
pure patatesh (f)	[puré patátɛʃ]	puré (m) de patatas
qepë (f)	[cépə]	cebolla (f)
qershi (f)	[cɛrʃí]	cereza (f)
qershi vishnje (f)	[cɛrʃí víʃɲɛ]	guinda (f)
qull (m)	[cuɫ]	gachas (f pl)
qumësht (m)	[cúməʃt]	leche (f)
qumësht i kondensuar (m)	[cúməʃt i kondɛnsúar]	leche (f) condensada
racion (m)	[ratsión]	porción (f)
reçel (m)	[rɛtʃél]	confitura (f)
reçel (m)	[rɛtʃél]	confitura (f)
recetë (f)	[rɛtsétə]	receta (f)
rosë (f)	[rósə]	pato (m)
rrepë (f)	[répə]	nabo (m)
rrepë djegëse (f)	[répə djégəsɛ]	rábano (m) picante
rrepkë (f)	[répkə]	rábano (m)
rrush (m)	[ruʃ]	uva (f)
rrush i thatë (m)	[ruʃ i θátə]	pasas (f pl)

rum (m)	[rum]	ron (m)
rusula (f)	[rúsula]	rúsula (f)
salcë (f)	[sáltsə]	condimento (m)
salcë (f)	[sáltsə]	salsa (f)
salcë kosi (f)	[sáltsə kosi]	nata (f) agria
sallam (m)	[saɫám]	jamón (m)
sallatë (f)	[saɫátə]	ensalada (f)
sallatë jeshile (f)	[saɫátə jɛʃílɛ]	lechuga (f)
salmon (m)	[salmón]	salmón (m)
salmon Atlantiku (m)	[salmón atlantíku]	salmón (m) del Atlántico
salsiçe (f)	[salsítʃɛ]	salchichón (m)
salsiçe vjeneze (f)	[salsítʃɛ vjɛnézɛ]	salchicha (f)
sandviç (m)	[sandvítʃ]	bocadillo (m)
sardele (f)	[sardélɛ]	sardina (f)
selino (f)	[sɛlíno]	apio (m)
shafran (m)	[ʃafrán]	azafrán (m)
shalqi (m)	[ʃalcí]	sandía (f)
shampanjë (f)	[ʃampáɲə]	champaña (f)
shanterele (f)	[ʃantɛrélɛ]	rebozuelo (m)
shegë (f)	[ʃégə]	granada (f)
sheqer (m)	[ʃɛcér]	azúcar (m)
shije (f)	[ʃíjɛ]	sabor (m)
shije (f)	[ʃíjɛ]	regusto (m)
shojzë (f)	[ʃójzə]	lenguado (m)
shojzë e Atlantikut Verior (f)	[ʃójzə ɛ atlantíkut vɛriór]	fletán (m)
shpageti (pl)	[ʃpagéti]	espagueti (m)
skumbri (m)	[skúmbri]	caballa (f)
sojë (f)	[sójə]	soya (f)
spec (m)	[spɛts]	pimiento (m) dulce
spec (m)	[spɛts]	paprika (f)
spinaq (m)	[spinác]	espinaca (f)
supë (f)	[súpə]	sopa (f)
susam (m)	[susám]	sésamo (m)
Të bëftë mirë!	[tə bəftə mírə!]	¡Que aproveche!
tërshërë (f)	[tərʃérə]	avena (f)
thekër (f)	[θékər]	centeno (m)
thikë (f)	[θíkə]	cuchillo (m)
thjerrëz (f)	[θjérəz]	lenteja (f)
tortë (f)	[tórtə]	tarta (f)
tortë (f)	[tórtə]	tarta (f)
troftë (f)	[tróftə]	trucha (f)
troftë (f)	[tróftə]	lucioperca (f)
tunë (f)	[túnə]	atún (m)
turjelë tapash (f)	[turjélə tápaʃ]	sacacorchos (m)
uiski (m)	[víski]	whisky (m)
ujë (m)	[újə]	agua (f)
ujë i gazuar	[újə i gazúar]	con gas
ujë i karbonuar	[újə i karbonúar]	gaseoso (adj)
ujë i pijshëm (m)	[újə i píʃʃəm]	agua (f) potable
ujë mineral (m)	[újə minɛrál]	agua (f) mineral
ujë natyral	[újə natyrál]	sin gas

ullinj (pl)	[uɫíɲ]	olivas, aceitunas (f pl)
ushqim (m)	[uʃcím]	comida (f)
uthull (f)	[úθuɫ]	vinagre (m)
vafera (pl)	[vaféra]	gofre (m)
vaj luledielli (m)	[vaj luɫɛdiéɫi]	aceite (m) de girasol
vaj ulliri (m)	[vaj uɫíri]	aceite (m) de oliva
vaj vegjetal (m)	[vaj vɛɟɛtál]	aceite (m) vegetal
ve (f)	[vɛ]	huevo (m)
vegjetarian	[vɛɟɛtarián]	vegetariano (adj)
vegjetarian (m)	[vɛɟɛtarián]	vegetariano (m)
verë (f)	[vérə]	vino (m)
verë e bardhë (f)	[vérə ɛ bárðə]	vino (m) blanco
verë e kuqe (f)	[vérə ɛ kúcɛ]	vino (m) tinto
vermut (m)	[vɛrmút]	vermú (m)
vezë (pl)	[vézə]	huevos (m pl)
vezë të skuqura (pl)	[vézə tə skúcura]	huevos (m pl) fritos
vitaminë (f)	[vitamínə]	vitamina (f)
vodkë (f)	[vódkə]	vodka (m)
xhenxhefil (m)	[dʒɛndʒɛfíl]	jengibre (m)
xhin (m)	[dʒin]	ginebra (f)
yndyrë (f)	[yndýrə]	grasas (f pl)
zarzavate (pl)	[zarzavátɛ]	verduras (f pl)

www.ingramcontent.com/pod-product-compliance
Lightning Source LLC
LaVergne TN
LVHW051301080426
835509LV00020B/3085